轉念

慈濟志工的生命故事

出版緣起——生命盤點　見證轉念

隨著年齡的增長，人生到了一定階段，難免會回眸過往，有人可能庸庸碌碌，一事無成；也有人可能虛度光陰，感慨萬千；更有人可能貪懶放逸，後悔莫及。然而，這樣的人生未免太可悲，雖然時間無情，但是人間有愛，與其浪擲生命在追悔之中，不如及時發揮生命的良能，在有限的歲月裡，爲人群付出，讓生命及時發光發熱。

慈濟經過半個多世紀的洗禮，數以百萬、千萬的慈濟人在菩薩道上留下許多珍貴的歷史足跡。值此之際，證嚴上人殷殷叮嚀慈濟人要對自己的生命進行盤點；生命盤點就是反省一下自己過去的人生，想一想這一生做了多少對人間有意義的事。所以，上人期許人人要把握時間，因爲自然法則，生命無常，所有的修行功德都要借重我們這個身體；也要感恩父母給我們這個身體，感恩這個身體走在正軌正道裡，還要感恩生命讓我們不空過，天天都能爲利益人群而付出。

《轉念》一書裡的二十個故事，就是一群慈濟人對生命盤點的見證。他們讓生命及時發光發熱，在現實生活中拚搏的同時，也爲人間無私付出，透過利他的過程，自身也得度。他們以自身的生命故事現身說法，在長期深受上人的法薰習之下，懂得以轉念面對人生的一切無常變化，將負面的壓力轉換爲正向的能量，在在見證生命的價值，也印證了上人的德行之影響力，無遠弗屆。

《轉念》一書得以出版，首先要感恩上人的厚愛，上人自謙對於志工的付出無以回報，現在他們年歲漸長，希望趕緊爲他們留下文史紀錄，一方面可以留給他們的後代子孫，以資紀念；另一方面也表達慈濟對志工們長年無私付出的感恩。

其次，要感恩慈濟基金會何日生副執行長，何副執行長在擔任文史處主任期間，對於人文眞善美志工「爲時代作見證，爲慈濟寫歷史」的表現，給予高度肯定，尤其對志工的教育訓練非常重視。二〇二〇年十月十一日下午，他在文史處現任主任賴睿伶師姊及同仁的陪同下至桃園靜思堂，爲人文眞善美志工示範深度訪談的實境課程。

課程後段Q&A結束前，何副執行長鼓勵大家將歷年來採訪資深志工完成的作品，進一步整理編輯出版。

何副執行長的勉勵與呼籲，讓坐第一排的志工鄭善意師姊不禁舉手發言：「之前我們寫了很多篇『慈濟人列傳』，我個人就寫了三十五篇……」

「那很好啊！拿出來出書呀！」何副執行長鏗鏘有力的回答，為現場志工注入一股暖流，鄭善意的歡喜之情更溢於言表，她怎麼也想不到簡單的兩句對話，塵封十年的「慈濟人列傳」，在剎那間將有發表問世的機會。

「慈濟人列傳」終於要出書了！而且就從桃園開始鳴槍起跑，機會果眞是留給準備好的人。

慈濟桃園分會自二〇一一年至二〇一三年，接連舉辦「慈濟人列傳展」；這三年期間，桃園文字志工帶動起記錄資深慈濟人故事的風潮，他們傾全力採訪、振筆疾書、交叉編修……一個個「平凡小人物，卻有大啓示」的生命故事，躍然電腦螢幕上，再製成卷軸，懸掛於靜思堂人文走廊的牆上。

在寫手們望卷軸讚歎之餘，莫不翹首以待，這些藉由文字現身說法的生命故事，有朝一日能夠彙編出版，以饗大眾。十年後的今天，總算如願以償！

然而，經過十年歲月的增長，慈濟志業腳步不斷邁進，早已物換星移，人事已非；加上當初因受限於展出方式而精簡字數，以致故事內容及人物內心轉折的描述，或有不足，或有不盡周延；既然要結集成書，當然要以嶄新的風貌呈現，因此，補訪、補稿勢在必行。

誠如所料，其間過程因書中人物的年邁、辭世，以及作者轉換跑道等等問題，不一而足。這對編輯小組而言，不啻爲一項艱辛的考驗。尤其進行補訪的過程，猶如重新走入人物的生命故事裡，與故事主人翁共同進行一場生命盤點的旅程。

廣義來說，由於編輯這本書的因緣，曾經付出的每一位菩薩，不論是桃園列傳的編輯小組，本書的故事主人翁或作者，協助攝影、校對的志工，乃至慈濟基金會文史處的同仁，人人在爲典範留存紀錄的同時，也如上人所期勉的——人人發揮了生命的價值。

生命要顯出價值，總是要眞心演繹，穩紮穩打走好每一步，才能達到新的高度。當崎嶇之處幾至窒礙難行時，白髮蒼蒼的編輯小組成員鄭善意偶出怨言，團隊成員便口徑一致地笑謔道：「都是妳惹的『禍』啦！還好意思說？」她卻像老頑童似地聳聳肩，笑著回答：「原本我可得意了！以爲運氣眞好，打了一記高飛好球，哪知道球彈回來，打得我滿頭包！」

其實，不是滿頭包，而是滿腦子的智慧。編輯小組投入其間，用心戮力，在審閱人物生命故事時，字斟句酌，絞盡腦汁，體會到成就一本書需要眾緣和合，一字一句實屬得來不易。更謹記上人教示記錄文史要做到「精而不雜，實而無差」的八字箴言，這正是讓生命故事真實呈現的準則。

原本鄭善意和三位編輯小組成員以為何副執行長所謂的「拿出來出書」，是把列傳文圖的檔案資料交由文史處直接彙編成冊，他們可以「十指不沾陽春水」地等著「看好書」；誰知這過程中需要從寫手中組成一個編輯小組，參與補訪、催稿、編修、完稿後，再交由文史處審稿，作最後修訂、排版、校對至印刷、出版等。

這個意外插曲，卻也成就了列傳出書的因緣，編輯小組成員結合每位寫手，克服採訪撰寫的困難，終於圓滿完成使命，他們的確上了一堂難得的「出書」課程，而且從中獲益匪淺。殊不見故事人物進入慈濟後，在上人的教誨及自身付出無所求的事理印證下，不僅為人拭去悲苦的淚水，當自己遭遇挫折、困頓時，亦能無怨無悔，坦然接受，無疑地，這就是轉念的功夫。

轉念，須經心靈沉澱，沉澱就是對生命盤點的梳理與審思。由此可見，人人藉由生命盤點，將正視自身存在的意義，瞭解轉念不僅是一種積極的生命態度，也是心靈獲得解脫的妙法。

轉念，同時是擺脫困境的方法，也是現實生活中必須學習的課題。透過這個課題編輯本書，依各篇故事的屬性，規劃「缺口即出口」、「無常當如常」、「此岸到彼岸」、「無用是大用」等四個篇章，希望這些平凡人物的故事類型，呈現出人生智慧的各個面向，將上人平時念茲在茲的教法，充分體現在弟子的身行實踐中，與廣大的讀者分享。

目錄

【輯二】／無常當如常

【輯三】／此岸到彼岸

【輯四】／無用是大用

【編者絮語】／展演生命故事

轉念

【輯一】／缺口即出口

越過千尺浪——林春秀的故事

文◎鄭善意

二〇一一年七月十九日，林春秀在慈濟中壢聯絡處值班。（攝影：詹秀芳）

【林春秀小檔案】

一九三九年出生於桃園縣觀音鄉，三歲喪父，十二歲失恃，由兄嫂扶養長大。一九八〇年為了女兒，加入慈濟會員；一九八九年受證為慈濟委員，法號慈提（委員號1717）。由她勸募的慈濟會員曾多達五百户，全靠走路、搭公車收善款。原本跟著先生賣豬肉營生的她，成為慈濟志工後不久，便勸導先生改行，自己也發願茹素，並堅定做慈濟逾四十年。

「嗚——嗚——」清晨，劃空的鳴笛聲戛然而止，一部消防車猛然停在林春秀家門口，幾位全副武裝的消防人員快速衝入屋內，緊張地左看右看，並未發現著火處，只看到一位渾身濕透的中年男子，面無表情地愣坐在椅子上，以及一位長得白淨、鼻樑上架著眼鏡的婦人。其中一位帶頭的消防人員有點無奈地對婦人說：「歐巴桑，不可以開這種玩笑的，你們家又沒發生火災，怎麼打電話來消防隊？」

「我沒有開玩笑啊！剛才火都燒到二樓去了，是我趕緊念『阿彌陀佛』，念著念著，樓上的火就掉下來，熄滅了……」驚魂未定的春秀一臉無辜地向嘀咕著的消防人員說。

慶幸有驚無險

春秀的確沒有開玩笑。那是一九九〇年的農曆年前，春秀夫妻經營豬肉攤的香腸生意特別好；失火的前一天傍晚，他們將好不容易才灌好的香腸，放在家中天井，用小炭火慢烘細烤，準備第二天拿去市場賣。不料，隔日清晨五點半，烘著香腸的炭火突然蔓延開來，她的先生正在旁邊洗臉，看到熊熊火光，急急用臉盆潑灑，一盆接著一盆，無奈火勢愈燒愈旺，不僅一百多斤的香腸付之一炬，火舌也竄升兩層樓高。

春秀趕緊拿起電話向119求救，然後習慣性地雙手合十，口中念念有詞：「阿彌陀佛——阿彌陀佛——」說也奇怪，不一會兒，竄燒到二樓的火竟兀自掉了下來，熄滅了。

當消防人員趕來時，的確沒有火光；春秀面對他們異樣的眼光自是不以爲意地陪著笑臉：「不好意思啦！感恩！感恩！眞的很感恩你們！」心裡則暗自慶幸：「阿彌陀佛，感恩喔！」

千恩萬謝地送走消防人員，她回頭清理一屋子的狼藉——燻黑的鍋爐、器皿、香腸、濕漉漉的地板……春秀順手撿起一雙燒得只剩一半的深藍色布鞋，在丟入垃圾袋的剎那，腦海裡浮起了半年前的那次車禍……

初夏的傍晚，燠熱的空氣漸漸散去，下班的車潮將中壢市YKK拉鍊公司前的省道擠得水洩不通。春秀不會騎車，她勸募的五百來戶慈濟會員所繳交的善款，都是憑著她的雙腳一步一腳印走出來的。這天她到YKK拉鍊公司附近收善款，收完正要穿過十字路口，突然左側竄出一輛機車，眼看閃避不及，春秀下意識一句「阿彌陀佛」才脫口而出，人已被撞飛四、五公尺遠，深藍色布鞋散落身旁。

「對不起，對不起……」她回過神，慢慢爬起來；那位撞到她的年輕人已站到她面前，一臉慌張地邊道歉，邊遞上撿起的布鞋。春秀穿上布鞋，抬頭對年輕人溫和地說：「一點小擦傷，不要緊，以後騎車小心一點喔！還好，佛菩薩保佑……」兩次的化險爲夷，讓她更加相信佛菩薩的慈悲，也因此埋下她日後深入經藏、廣聞佛法的用心。

越過千尺浪

體態輕盈、皮膚白裡透紅的春秀，舉止斯文，加上生性樂觀開朗，看起來比實際年齡年輕許多。認識她的人都知道，她樂於助人、親切大方，總是笑臉迎人；在她眼裡，天底下的人都是好人，尤其她的先生更不在話下。

「阿秀，妳實在有夠呆，那位小姐常來跟妳先生有說有笑，妳還閃得遠遠的，給人家方便。」即使她攤販周圍的朋友看出她的先生有狀況，好意提醒她，她也不以爲意地笑著回答：「不要緊啦！她可能有什麼事要跟他說，我在那裡，她不敢講。」

直到一九九二年的一天，她無意間聽到小姑與先生的對話：「你最好和嫂嫂把話說清楚……」

原來，先生想去見女友，又怕女友的兄嫂看見，爲請求妻子陪他去，只好將外遇的事從實招來。

「你有女朋友？是誰？」正在洗衣服的春秀對先生突如其來的招供，先是一愣，滿是泡沫的雙手抓著一件花襯衫停在洗衣板上，抬起頭不可置信地問。

「妳也認識，她以前常來買豬肉。」先生囁嚅地說。

先生的話像平地一聲雷，轟得春秀腦門嗡嗡作響……心神慌亂之際，證嚴上人莊嚴的身影竟自心底緩緩升起，柔和的聲音一波接著一波在耳邊縈繞……

「愛河千尺浪，苦海萬重波……愛妳所愛……」

從慈濟會員到受證委員的十二年來，她虔心禮佛、誦經、聆聽上人教誨，努力勸募愛心善款，甚少因爲夫妻意見不合或說話的溫度不對而爭吵，因爲她已領悟到人與人的相處，尤其是夫妻，唯有善解與包容才能圓滿今生的因緣。

今天，先生的表白，在剎那間，她是有挨了一記悶棍的感覺，但很快想到上人曾經說過，愛河千尺浪，苦海萬重波……

「莫非這是因緣？也好，有人替我擔這家業，我就可以無後顧之憂地走慈濟菩薩道了。」春秀想著想著，心緒慢慢沉澱下來，只是一股不受駕馭的失落感仍悄悄瀰漫開來。

「好！我陪你去。第一次去拜訪人家，總不好意思空著手，你等一下，我先去買伴手禮。」春秀邊說話邊將搓揉好的衣服放進洗衣機，然後低頭匆匆走出家門。屋外陽光普照，她加快步伐，視線卻愈來愈模糊，她用手輕輕一抹，淚水早已濕了眼眶。

她與先生來到「女朋友」家，門一開，「就是妳喔！」春秀恍然大悟，果然就是攤販朋友口中的那位小姐。

對方有點驚訝，也有點尷尬地請他們進去坐。

「既然妳要照顧我先生，以後我去收善款、當志工，就不必擔心他沒飯吃了。」春秀一面遞上帶來的伴手禮，一面約略寒暄後，故作大方地說。

愛哭的委員

「大姊，謝謝妳！」女朋友低聲道，眼神閃過一絲羞愧。在他們交談之際，春秀轉

一九九〇年中壢新受證委員至臺北長安東路慈濟文化中心謁見證嚴上人。左起張月英、林春秀、證嚴上人、羅秋美、卓梅玉、陳淑華。（圖片提供：林春秀）

身走近窗戶，在淚水溢出眼眶前，仰頭望向藍天白雲，雲端有上人慈祥的容顏……

一九八八年，春秀第一次應當時中壢唯一受證慈濟委員的卓梅玉邀請，前往花蓮慈濟醫院當志工，夜宿靜思精舍，晚膳後，上人接見她們，並親切地向她說：「妳來當委員。」

「我不行啦！」春秀好不容易抑住淚水、靦腆地回答；心裡說不出口的是：「當委員？哪行？我一看到上人，眼淚就像自來水嘩啦嘩啦流不停，沒來由也止不住，上人怎能有這麼愛哭的委員？」

「妳可以。」上人的口吻溫和中透

著堅定。

結束三天的醫療志工後，春秀在回中壢的火車上，左思右想：「委員就是上人認定的弟子，我可以嗎？上人說我可以，應該不會錯，可是……先別想那麼多，反正『善事做就對了』。」火車飛快地奔馳著，她的思緒也快速地倒轉著……

「妳要救人做善事嗎？」一九八〇年十一月中旬的一個下午，春秀的心情宛如深秋的天氣，陰陰鬱鬱地；突然接到遠嫁花蓮玉里的洋裁班同學楊玉蓮的電話，不覺精神一振。

「要，當然要……」春秀沒多問就爽快回答。

那陣子，一向笑口常開的春秀，正煩惱十五歲的女兒騎腳踏車摔傷左腳，治療兩個多月非但不見起色，還有截肢之虞。玉蓮來電的前兩天，竟夢見觀世音菩薩坐在蓮花上告訴她：「妳要去救人做善事，而且要邀人家一起做，這樣，妳女兒的腳就會好。」

醒來後，才愁著不知該如何去做善事？兩天後就接到玉蓮的電話，春秀暗忖「眞是菩薩顯靈」。所以，不加思索答應了；而這通電話也開啓了她通往慈濟菩薩道的善門。

剛開始，玉蓮每個月來收善款，同時，每次都說一些上人成立慈濟功德會，幫助窮困人家的種種事蹟給春秀聽。春秀聽了都很感動，也惦記著「要邀人家一起做善事」。因此，三個月後，她就試著去勸募，而女兒的腳竟然眞的就慢慢好起來了。

兩年後，玉蓮因先生去世而前往日本工作，臨行前交代春秀，直接將善款送到臺北市濟南路慈濟會所；後來，吉林路有了慈濟分會，她便將善款改送吉林路分會繳交，數年如一日，善念不曾間斷過。

這一次從花蓮慈濟醫院當志工回來後，她開始跟著卓梅玉參加慈濟志工的共修、探視感恩戶、爲癱瘓的婦女洗澡、爲重病的孤獨老人打掃環境……當時桃園、中壢地區的委員不多，但大家都做得很積極、很歡喜。

說慈濟引共鳴

一九八九年，她受證成爲慈濟委員。

受證後，她更瞭解上人濟貧扶困、蓋醫院的良苦用心，與經費需要的急迫性，所以逢人便介紹慈濟：「上人在花蓮成立慈濟功

二〇一四年，七十五歲的林春秀（右）參加慈濟中壢園區的活動，圖爲幫忙洗茶具的情景。（圖片提供：林春秀）

德會，幫助困苦人家、蓋醫院救人。你要做善事嗎？五十元就可以救人行善，我可以到你家收善款。」就連去醫院探視親友、病患也不忘說慈濟。

「今天在醫院病房，聽到妳介紹慈濟……妳來公司找我媳婦收錢。」打電話來的這位陳夜先生，春秀並不認識，但她喜出望外地按址去收善款。陳先生加入會員數月後，主動捐款百萬，成爲慈濟榮譽董事（簡稱榮董）。

春秀募得的第一位榮董是許德樹先生，也是她誠懇介紹慈濟的成果。

誠懇和勇於開口，使她獲得的迴響愈來愈多，她經常接到陌生人的電話，請她去收善款。曾經有一位太太說：「我要捐三十萬給慈濟，妳來八德找我……」另一位住觀音鄉的先生，「我媽媽前不久過世了，我要捐五十萬給慈濟祝福媽媽，請妳來收款。」漸漸地，她募到的慈濟會員愈來愈多。

一九九〇年間，林春秀（右）抱著米，與志工穿過雜草叢生、凹凸不平的田埂，前往尖石鄉感恩戶家探訪。（圖片提供：林春秀）

「哇！這麼多會員！有幾百戶吧？我的『母雞』好厲害喔！」有一次，春秀接引、陪伴的新受證委員蕭春鳳去拜訪她，正看見她伏案整理咖啡色勸募本，竟多達五本，不禁嘖嘖稱奇：「光是靠妳的兩隻腳走路，要收這麼多戶善款？本事還眞不是普通大呢！」

「我哪有什麼本事？是上人的德行和佛菩薩的庇佑啦！」春秀笑著雲淡風輕地說。她每天禮佛時，都誠心誠意告訴佛菩薩，她要收善款給上人救人，請庇佑前世今生認識的有緣人，都能讓她找到他們來護持慈濟。她很感恩佛菩薩聽到了她的祈禱，又賜給她一雙健康的腳，才能持續做慈濟。

慈濟志工通常暱稱自己的主體委員爲「母雞」，自己是「小雞」。春鳳是春秀的小雞，小母雞一歲；春秀每每像親姊姊般愛護她、鼓勵她。這會兒聽著春秀說的話，春鳳暗自沉思，也許佛菩薩眞聽到了她的虔心祈禱，但她平常待人誠懇、和藹的親和力，應該也是她廣結善緣的助力；而她收善款的腳力、毅力，委實令春鳳十分敬佩！

「別客氣嘛！妳的菩薩心腸、做慈濟的盡心盡力是大家公認的。」春鳳又說，「中壢每次辦活動，需要餐點，妳都一口承擔。還有那次『預約人間淨土』活動，在臺大校園義賣的蘿蔔糕等等糕點，也全是在妳這裡做的，材料也都是妳發心捐獻的。」

嘉義大林慈濟醫院於二〇〇〇年八月十三日落成啓用，八月二十五日林春秀（左一）和中壢地區的六位志工前往支援香積。
（圖片提供：林春秀）

預約人間淨土

春鳳如數家珍的當下，春秀總笑著忙推說：「沒有啦！是她們不嫌棄，大家一起來幫忙成就的，合作力量大嘛！」

春鳳說得是，當時中壢地區的慈濟志工只有十來位，共修不是去桃園，就是輪流在各自的家；正因爲沒有固定的聚會場所，而春秀的住處較寬敞，且在市中心，中壢藝術館近在咫尺；加上春秀感念上人的知遇之恩，只要是慈濟事，她都滿腔熱血，出錢出力在所不惜。

一九九一年五月十二日，金車教育基金會籌劃「預約人間淨土」臺灣大學校園義賣活動，慈濟共襄盛舉，桃園、中壢的志工也認養了數個攤位；活動前一天，春秀早早準備好材料，借來大蒸籠、爐灶。天一亮，人手陸續到達，分工合作；下午五點多，蘿蔔糕、麻糬、芋粿巧等等傳統米食，一筐筐香氣四溢，就等著隔日清晨載往臺大校園義賣。

談到第一次參加這麼大型的義賣活動，春秀笑得合不攏嘴，不覺忘情地說：「卓梅玉師姊帶著中壢、平鎮的所有志工都來參加。清晨三、四點就搭遊覽車前往，我們賣的麻糬、蘿蔔糕、芋粿巧……很搶手，一下子就賣完了。那天上人也來了，看到上人，大家都很開心。」

說到上人，春秀瞬間紅了眼眶，略帶哽咽地向春鳳道：「上人說，吃素是要長養慈悲心……去年底我們家的那場火災，雖然燒掉了辛苦灌做的一百多斤香腸，但也燒出了我改行的念頭，因爲我想吃素。」春鳳表示，自己也想茹素。

這年十月，春秀的婆婆第二度中風，大小便失禁，幾近癱瘓。春秀殫精竭慮、貼心守護婆婆半年多後，發心立願：「我從今天開始吃素，希望菩薩保佑婆婆早點好起來，我才能放心出去做慈濟、收善款。」

不久，婆婆的病況日漸起色，行動從不太靈活，到基本生活起居慢慢可以自理。而春秀也在吃素後，徵得先生同意，結束豬肉攤生意。

放手心更寬

「春秀，該回家了！」春秀出神地站在窗戶邊，不知過了多久，先生的叫喚讓她回過神來。她將視線從窗外收回的剎那，不禁感慨：「婆婆的病好不容易才康復，先生卻有了外遇！」

她回家後，不吵也不鬧，只盼望「外遇風波」早日平息。其實她何嘗不心痛？幸好難過時，上人的話：「欲知前世因，今生受者是。是妳的就是妳的，不是妳的強求不來。」總能撫平她的心傷。

然而，她的忍讓並未換得風平浪靜，先生不但把女友帶回家，且任其鳩佔鵲巢。春秀終於明白，不是自己的，強求不來，她決定「放手心更寬」。一九九五年，她和女兒搬離夫家，住到兄長們協助她購下的房子。

雖然她有了自己的房子，但必須繳貸款，女兒當白衣天使的收入僅夠母女餬口；春秀不想再麻煩哥哥們，可當時已年逾半百的她，只能出賣勞力，做臨時工賺錢。於是，驕陽如炙下，瀝青路面工程鋪設，手持長柄平耙推平滾燙的瀝青，有她揮汗如雨的身影。當泥作師傅的助理，汗流浹背地攪拌砂石，她也不以爲苦。

工作再辛苦，她一樣挪出時間收善款、說慈濟，一樣笑容可掬地參與訪視、香積及慈濟醫院志工。她認定慈濟這份善事，是觀世音菩薩要她做的，是上人給她信心和勇氣去幫助貧苦人家，也才能走過自己的關卡，她一定要跟著上人做到最後一口氣。

還完貸款，她已逾耳順之年；春秀答應女兒離開職場，做個全職的志工，並且到中壢聯絡處（一九九二年九月底成立）值班。做得一手可口素食料理的她，即使爲內耳不平衡的眩暈症所苦，耳力明顯退化；但每次值班，依然不改初衷，自告奮勇做晚餐與志工們分享。

二〇二一年，她已邁入八十三高齡，寬容大肚、笑臉迎人的慈祥樣貌有增無減；除了每天走兩、三小時出去收善款，大多在家佛堂禮佛、念佛、閱讀經書，日子過得輕安自在。驀然回首，那曾經的千尺巨浪，早已波瀾不驚，如今即使有微風吹過，她的心湖亦泛不起絲毫漣漪。

二〇〇九年一月十七日，林春秀（左）和她的「小雞」蕭春鳳，一起參加平鎭志工在湧光里活動中心舉辦的聯誼共修。（攝影：莊慧貞）

轉念

快樂班長——蘇高宏的故事

文◎許秀月

憨厚的笑容，責任心重，交代他的事情，配合度很高，使命必達；人緣好的蘇高宏，在環保站被稱為「快樂班長」。
（攝影：許秀月）

【蘇高宏小檔案】

一九六一年生，居住於桃園市八德區，識字不多但個性憨厚老實。小時候一場高燒引發日本腦膜炎，導致智力受損，這場病幾乎奪去他的生命……被上蒼撿回生命的蘇高宏，動作緩慢、反應遲鈍，脾氣又拗，無論是就學、當兵或工作，他的生命歷程就是迸不出一絲燦爛，直到慈濟的環保竄進了他的心門，人生才開始有了不同凡響的轉變。

初秋的清晨六點多，灰濛濛的天空，帶著些許涼意，寂靜的街道顯得有點冷清，位於桃園市八德區高城社區巷內轉角處的一戶人家，鐵捲門已往上拉起，不遠處傳來幾聲犬吠聲，揭開一天的序幕。

「阿宏啊！時間不早了，還不趕緊去『上班』。」屋內傳來婦人的嗓音。

「好啦！我知道啦！媽——我要出門了。」一名年約五十歲理著小平頭的男子，一臉憨厚的模樣，手中拿著安全帽，步伐緩慢地走出屋外，壯碩魁梧的身材與他騎的機車，看似不太協調，發動機車後，身影逐漸消失在街尾。

他——是慈濟廣福環保站的志工蘇高宏，大家都稱呼他為環保站的「阿宏班長」，今天一如往常出門做環保。

阿宏要前往大昌里環保點幫忙，抵達後將機車停妥，眼見地上堆滿資源回收物，隨即動手整理堆疊著的紙板、寶特瓶、鋁罐……等，動作緩慢卻駕輕就熟，接著陸續將回收物搬上停在一旁的環保車。

工作完成後，他坐上副駕駛座，由志工黃永進開車，到附近環保志工家中，載運他們平日收集來的回收物。環保車在巷弄間穿梭，每到一個點，阿宏總是賣力地將回收物搬到車上，來回數趟車程，上上下下搬運，雙手未曾停歇，他早已汗流浹背，汗珠不斷地從額頭滑落臉龐，他抬起手拭去額上的汗水，繼續下一站的行程。

「雖然做環保會累，但是心情很快樂。」這是阿宏心裡的寫照。

撿回來的命

從外表看來，有著壯碩體格的阿宏，小時候卻差點沒了性命。他在家排行老三，上有姊姊及哥哥，在他一歲八個月時，高燒不退引發腦膜炎，父母心急如焚帶著他四處求診，怎奈群醫束手無策，只能對著阿宏的病況搖頭嘆息。眼見他的身體一天天虛弱，醫生建議要動手術開刀挽救這個小生命。無奈家裡經濟拮据，無力負擔昂貴的手術費用，於是家人決定放棄治療，也做了最壞的打算。

帶著阿宏返家後，家中氣氛顯得十分凝重。氣若游絲的阿宏，癱軟的身軀就躺在大廳冰冷的地板上，哀痛欲絕的父母在旁掩面而哭，大廳裡不時傳出啜泣聲。

當時年幼的姊姊倚著窗戶，劃破沉悶的氣氛，懵懂地問道：「弟弟怎麼了？爲什麼被放在地上？爲什麼大家都在哭？」

「妳不知道嗎？妳弟弟已經……已經快……死了。」滿臉淚痕的堂姊哽咽地說著。

家人聽了這句話更加悲痛，忍不住嚎啕大哭起來。

「嗚——我的孩子……」親情難以割捨，媽媽終究不忍心眼睜睜看著孩子在自己面前就這樣斷了氣，一個箭步向前，彎下身將阿宏緊緊抱起，往屋外狂奔，搭車再度去求醫。當母親抱著阿宏步出火車站，一時之間，不知該往何處去？要找哪位醫生？只能無語問蒼天。

「誰能救救我的孩子？誰能救救他？」焦急的母親，自顧自不停地輕聲吶喊著。

也許上蒼起了悲心，幸遇一位好心的路人聽到她的話語，走過來對她說：「有一位醫術不錯的醫生，妳可以帶孩子去看看。」急如熱鍋上螞蟻的母親，懷抱一絲希望，不管結果如何，只能死馬當活馬醫，二話不說，依著這位好心人的指引，立即前往求醫。

醫生診察後，告訴阿宏的母親：「妳的兒子應該還有救，我會盡全力救他。」她這才鬆了一口氣，終於放下心中的大石，不停地對醫生點頭道謝。

接下來的日子，一連串的往返看診與服藥，阿宏的病情漸有起色，身體狀況也愈趨穩定，逐漸復原，遺憾的是，智力已經受損，身體的平衡感也較差。

「感謝老天爺保祐，阿宏這條命終於撿回來了。」家人慶幸地說著，對他更加百般呵護。

智商不及同儕

由於父母親要上班，爺爺奶奶年事已高，照顧弟弟的責任就落在姊姊身上，姊姊知道在生命中不能失去弟弟，所以對他也特別關愛。

「阿宏乖，不要哭，姊姊揹你出去走走。」阿宏小時無法站立行走，總是在地上爬行，姊姊五歲時就用揹巾揹著阿宏四處走，直到阿宏上小學一年級。

「姊姊，功課我寫不完。」放學後，同學陸續回家，偌大的教室裡只剩阿宏留校慢吞吞地寫作業。

「沒關係，姊姊幫你寫比較快。」姊姊義無反顧地幫著阿宏做功課，這樣的場景時常上演。

因為發高燒智力受損，阿宏的程度遠遠落後班上同學，及至國中一年級，智商仍停留在八、九歲時期，繁重的課業已遠遠超出他的負荷，家人商量後，未再讓阿宏繼續就學。

當阿宏已屆服兵役的年齡，接獲郵差送來兵役通知單時，家人終於要面對最擔心的事情了。報到當天，家人帶著忐忑不安的心情，載著阿宏到營區，當面把他交給營長，並將阿宏的狀況一五一十地告訴他，請他能夠多給予協助。沒想到，營訓的第一天就出包。

「全體集合。」清晨六點，連長用宏亮的聲音喊著。

「慘了，全部的人衣服都穿一樣，我怎麼知道在哪一班？」阿宏拿著臉盆站在水槽旁發呆，心裡想著大事不妙，索性隨便插入一個隊伍。

「開始點名，報數。」一、二、三……○七二——當報數到「○七三」時卻靜默無聲，班長再喊一次，仍然沒有人回應。

「報告長官，○七三不見了。」

連長氣急敗壞，即刻下令：「全體立刻出發去找他。」

正當大家找得暈頭轉向之際，角落旁突然蹦出結結巴巴的聲音：「報告——報告長官，我回來了。請不要處罰我——我不會做匍匐前進。」連長看他氣喘吁吁又憨直的模樣，眞是哭笑不得，原來阿宏跑錯地方，到對面連隊去了。

當時阿兵哥的月俸一千多元，生性節儉的阿宏，每月固定存下五百元，退伍時已存了一萬五千元。同袍見他手中數著大把鈔票，眼睛爲之一亮，紛紛向他商借。阿宏昂起頭撇下一句：「不借！」趁著四下無人時，他連忙把鈔票塞進身上所有口袋，甚至襪子裡，趕緊搭車返鄉，他要將這筆錢悉數拿回家孝敬父母。

「你這麼乖，當兩年兵還可以存錢。你是去搶劫喔！存這麼多。」母親打趣地對阿宏說。她一臉驚訝，眼睛睜得大大地看著阿宏從衣袋、鞋襪裡掏出錢來，笑得合不攏嘴，心裡暖暖地感受到阿宏的貼心與懂事。

讓生命綻放

退伍後的阿宏，在舅舅的鐵工廠上班，下班後整天不是看電視，就是玩電腦，職棒節目和線上遊戲是他的最愛，也是每天不可或缺的精神糧食。他的生活單純，個性單純，但也有固執的時候，一旦脾氣拗起來，暴跳如雷，經常搞得全家雞飛狗跳，大家都拿他沒輒。

哥哥蘇新長是慈濟志工，剛好家中有部廂型車，有時會邀約阿宏一起到內壢的義美門市部載紙板。漸漸地，阿宏覺得環保愈做愈起勁，久久載一次不過癮，往後，一有空檔就和志工隨車載運回收物，後來舅舅的鐵工廠結束營業，阿宏便全心投入做環保。

二〇〇八年八月三日，距阿宏家只有五分鐘路程的八德環保站啓用，他更是每天都到環保站忙進忙出，統籌環保站的志工呂理達看他做事認眞，就邀約他固定在環保站幫忙，阿宏義不容辭一口就答應。只要有人通知環保站，要求調度車輛至環保點載運回收物，阿宏會先了解那環保點附近的志工有哪幾位，可以出班

蘇高宏認眞做環保，不論寒冷的冬天或下雨天，從早做到晚，一年三百六十五天無休，讓其他志工讚歎不已。（攝影：謝依靜）

的時間是白天或是晚上，對每位志工的作息時間都瞭若指掌，以作爲排班的依據；遇到缺人手的時候，他就隨時補位，隨車幫忙搬運。

當環保站裡堆滿各項分類好的回收物時，他就聯絡志工載去回收場，不論大小事情，處理得有條不紊。雖然識字不多，從不做筆記，但爲了便於記憶，他發明獨特的記憶方式——他把時常聯絡的志工取一個代表性的綽號；查電話號碼也從不看電話簿，他將電話號碼拆解後記在腦海中，如果有人問起時，他能夠如數家珍，這番記憶功夫常令周遭的人對他佩服有加。

阿宏責任心重，配合度很高，使命必達，凡事親力親爲，身體力行。有一回，志工呂理達帶他到觀音鄉硬塑膠回收場，呂理達告訴他：「阿宏，你第一次來，要記得認路喔！」

阿宏說：「沒問題！大事交給你，小事交給我。」爲了便於認路，阿宏從出發地開

憨厚的蘇高宏，由於加入慈濟環保志工行列，從一個整天待在家裡打電動、無所事事的宅男，轉變爲環保站的快樂班長。（攝影：謝依靜）

始，將沿路便利商店的招牌、旗幟、砂石場的太空包……直到觀音鄉，沿途所記下的目標不下二、三十個，整個地圖印記在他的腦海中。

隔了幾天，阿宏憑著記憶，獨自從八德騎機車到觀音走一趟，確認熟知路線，他才放心。往後，派車出班到觀音時，他還能協助指引路途的方向。只要交代他的事情，他都很用心做，贏得大家一致的讚賞。

不論在誰面前，呂理達提到阿宏，就讚不絕口：「阿宏在環保站一年三百六十五天，不論寒冬或雨天，從早做到晚，『做甲乎人足感心ㄟ』（臺語）。」志工們只要接起電話，聽到是阿宏要求派班出車，絕對配合，相挺到底。

這一天，阿宏一如往常來到八德環保站，剛將機車停妥，就聽到環保站內的電話響起。電話那頭傳來：「阿宏，更寮腳有戶民眾搬家，家裡的家具要捐贈給感恩戶，您可以幫忙搬嗎？」

「好的，沒問題！」阿宏信心滿滿地說。

隨後，當大夥兒將三樓的床墊往二樓扛下時，忽然聽見一聲：「啊——」阿宏腳一踩空，整個身體如同雪球一般滾到二樓轉角處，呂理達急忙伸手去接，大夥兒七手八腳將他扶起來，身體多處挫傷的他，卻搖著手一直說：「沒事，沒事！」原來是他小時候的那場病，導致平衡感欠佳，之前在鐵工廠工作期間，腳部也曾因此受傷。此後，若有需要搬運大型家具，大家再也不敢麻煩他了。事發後，在家休養了三天，他卻閒得發慌，按捺不住「雞婆」的個性，索性又繼續到環保站幫忙。

阿宏每天處理著環保站的大小事務，難免遇到難題。志工黃永進是他的善知識，不僅帶領阿宏投入環保，更是他的心靈導師。

「黃師兄，這件事情你要想辦法處理……」阿宏個性耿直又仗義執言，遇到難以處理的事情，心結打不開，心情鬱悶時，就會打電話給黃永進。

「我們要和人結善緣，以感恩、善解、包容的心處事。」黃永進常以證嚴上人的法語來開導他，當他心結一開，難題也隨之迎刃而解。互動的過程中，阿宏學會「放下」，凡事不再執著，轉念之間，身心便感到輕安自在。

找到了一片天

阿宏每天一早就出門到環保站報到，直到黃昏才回家，「事業」彷彿做很大。父親看在眼裡，心裡充滿疑問與不解，究竟是什麼力量讓他做得這麼快樂？

有一次，父親到阿宏的姑姑家中作客，姑姑不經意地笑著說：「你不知喔！你兒子若去做慈濟，到後來會和我那個做慈濟的兒子一樣，不像是我的孩子，反倒成了『慈濟子』，整天忙得不見人影。」聽完姑姑打趣的一番話，父親卻開始對阿宏每天熱衷投入環保，抱持保留的態度。

「改天我就到環保站一趟，實地了解一下。」

佛誕日前夕，阿宏和父親坐在餐桌前閒聊，他提出：「爸，這個星期日是佛誕日，環保站舉辦浴佛節的活動，有空的話來參加吧！」

聽到兒子的邀約，父親心裡想，剛好藉此機會去環保站一探究竟。

剛踏入慈濟環保站時，父親感到很訝異，整個環保站，環境清幽，令人心曠神怡；佛堂裡莊嚴肅穆的氛圍，充滿寧靜祥和；志工待人親切和善，對阿宏也很照顧。眼前所見，與以前他對於做資源回收環境骯髒、不太衛生的刻板印象，截然不同。

回想阿宏投入環保這段時間，他的笑容變多了，發牛脾氣的次數少了，還會和父母

樹下男孩——何寬洪的故事

文◎鄭善意

二〇一一年六月十八日，何寬洪在慈濟中壢園區演練「經藏演繹」。（圖片提供：慈濟桃園第三聯區人文真善美團隊）

【何寬洪小檔案】

一九四六年出生於新竹市，兄弟姊妹中排行第三，省立新竹高工畢業。一九七一年與吳珠珍結婚，育有二子。一九九五年，加入慈濟環保志工，三年後參與培訓，二〇〇〇年同時受證成為慈濟榮董與慈誠，法號本作。次年，與妻子一起受證為慈濟委員。他曾深受憂鬱症之苦，由於做慈濟，走出人生的陰霾，迎向陽光。

「媽！二哥死了！」夏日的午後，何寬洪的五歲大弟何寬明倉惶的叫聲，把正在洗碗的母親嚇得差點把碗滑落地面。她顧不得雙手滿是泡沫，轉身跟著寬明跑出家門，遠遠看見十歲的二兒子何寬洪動也不動地躺在木麻黃樹下，她三步併作兩步跑到寬洪身邊，驚慌地抱起軟綿綿的兒子，嘴裡不斷地喊：「寬洪！寬洪！別嚇媽媽……」

「孩子腦震盪，看樣子摔得不輕，先住院觀察。」戴著黑框眼鏡的醫生盯著X光片說。聞訊趕到醫院急診室的父親，聽完醫生的「宣判」，原本就嚴肅的臉上，彷彿罩上一層寒霜；他將兒子緊緊攬入懷裡，看著孩子熟睡般的臉龐，眼眶已然貯滿淚水。

辦好寬洪的住院手續，父親牽起依偎在母親身旁的寬明的手說：「來，告訴爸爸，二哥是怎麼摔的？」

「二哥……二哥爬到樹上去摘蜂窩……就『砰』一聲躺在地上了！我叫他，他都不理我……爸，你叫二哥不要死嘛！」寬明童言童語地說著，就扯著父親的褲管，嗚嗚哭了起來。

鬼門關前走一回

何寬洪從小就活潑好動，住家周遭的相思樹、樟樹、木麻黃……雖然都是生長多年的參天大樹，但身手矯健的他，爬上爬下，一點都不費力。

這是學校放暑假的第一天，吃過午飯，他帶著寬明走到樹下，原本想玩彈珠；無意間發現高大的木麻黃樹上，有個好大的蜂窩，他一時興起就爬上樹，正伸手要取蜂窩，冷不防，一隻蜜蜂朝他飛來，眼看就要叮到臉上，他本能地揮手驅趕，重心一個不穩，就直直掉落地上。

母親看寬明拉著父親的褲管糾纏不放，她吸了吸鼻子，紅著眼眶，將寬明抱過來，「媽媽抱，別吵爸爸。二哥沒死，只是睡著了！」說完，眼淚又撲簌簌地掉不停。向來優雅溫婉的她，此刻雖然沒有呼天搶地，但她黯然垂淚的模樣，卻更加令人鼻酸。

一天的等待，像一世紀那麼長，兩天、三天……六天過去了，寬洪仍是沉睡般地躺在病床上，母親張著紅腫的雙眼，眨都不敢眨地看著孩子，生怕一眨眼孩子就不見了！

第七天，和煦的晨曦穿透窗簾，照在寬洪清秀的臉上。他倏地睜開眼睛，映入眼簾的白色天花板及牆壁，是那麼地陌生，他脫口而出：「媽，我怎麼會在這裡？」

「啊！你終於醒了！」再次看見兒子那慣有的上揚唇角，母親連日來心靈上的陰霾，霎時陽光普照！

從鬼門關前回來後，寬洪開始了他陽光般的成長歲月。

寬洪的父親在經濟部研究單位上班，由於處事嚴謹，總給人一副不苟言笑的感覺；其實，他是個經常利用休假日，陪孩子玩耍、打球的好父親。他熱愛運動，無論是網球、棒球、乒乓球、籃球或是游泳都很在行，對孩子的教育也是鼓勵多於責難。

寬洪從小在父親的薰陶下，漸漸長大成開朗、活潑的大孩子，學校各式球類的運動場上，都少不了他馳騁的身影。

巧妙因緣　促成姻緣

寬洪讀高工一年級時，臺灣省運動會在新竹市舉行，全市各中小學、機關都放假一星期，他興高采烈地陪著父親看了足足一週的球賽；這七天，他與父親一起歡呼、一起嘆息，也一起緊張得屏息以待。

二年級暑假，他與同學到新集盛紡織公司的染整廠實習。身高近一百八十公分的他，穿著帥氣，充滿自信，加上言行活潑、幽默，很快地便與該廠製紗部門的領班吳珠珍成了好朋友，過了一個快樂、溫馨的暑假。

在珠珍的鼓勵下，寬洪決定畢業後繼續考大學。只是，他們這段「兩小無猜」的友誼，也隨著他的大學聯考結果一起「落榜」了。

聯考落榜的他，不久，在南港輪胎公司的徵人名單中上了榜，從而開始他的職場生涯。

一年後，與寬洪頗爲投緣的同事林明隆結婚，他和其他同事一起去喝喜酒。

結婚進行曲悠悠響起，在男、女儐相的前導下，新郎擁著美麗的新娘緩緩走過紅地毯。眼尖的同事一看到女儐相，不約而同地低聲叫了起來：「哇！女儐相好漂亮喔！」原本只顧著鼓掌的寬洪不覺轉頭望去，「啊！是珠珍！」

寬洪雖然一直對珠珍念念不忘，但他更忘不掉大學聯考前她斬釘截鐵的話語：「沒考上大學就別來找我！」事後，他曾硬著頭皮去找她，可她就是避不見面。沒想到今天會在喜宴上見到她，寬洪遠遠地凝望著，心裡不停地思索：「我該把握機會把她追回來嗎？她會再理我嗎？」

最終，決定給自己一次機會，他相信「精誠所至，金石爲開」。於是他們見面了，也談得很開心，只是珠珍最後還是那句話：「你考上大學再說。」寬洪雖然有些失望，但他聽得出來，她的口氣已經沒有先前強硬。

過了半年，他入伍服兵役。在部隊即將移防金門的前夕，他放假回家，母親交給他一封信，看到信封上娟秀的字跡，他很意外，珠珍怎麼會突然寫信給他？原來珠珍聽妹妹說，「我從收音機聽到何寬『宏』在廣播電臺點唱〈總有一天等到你〉，可見他多喜歡妳。姊，妳就不要再拒人於千里了吧！」珠珍感動之餘，才主動寄信給他。

看了信，知道是她妹妹誤會了。雖然明知點歌人不是他這個何寬「洪」，他仍是喜出望外。此後，在分隔兩地的近千個日子裡，鴻雁傳書繫牢了這分緣，寬洪終於在他二十六歲那年，執著珠珍的手併肩走上紅地毯，接受眾多親友的歡聲祝福。這年，他任職於中壢的新光合纖公司。

光陰似箭，轉眼他們的孩子上大學了！而秉性善良的珠珍，應友人的邀請，參加一個佛教團體，學習打坐、禪修。三、四年後，在電視媒體、報章雜誌上，她關注到溫室效應讓地球加速暖化、冰山崩解……佛教慈濟功德會積極在社區成立資源回收站，呼籲大家做回收分類，以減少資源浪費、減緩地球暖化的訊息。

嗜睡不睡 憂鬱纏身

珠珍覺得自己也應該爲地球盡分心力，可是，她不知道哪裡有慈濟環保站。經過打聽，先是找到慈濟基隆聯絡處，再輾轉得知中壢聯絡處的電話，終於詢問到「白馬莊」環保點（在白馬莊對面中壢第一城社區的一位慈濟會員家的騎樓下，於二〇〇三年左右遷至白馬莊旁的土地公廟）。於是她邀請即將退出職場的寬洪，利用假日一起去做回收分類；此外，從一九九五年起，她習慣透過劃撥方式給慈濟的隨喜捐款，改以會員身分認捐，每月交給志工陳英華。

在中壢白馬莊做環保，寬洪夫妻認識了余明三、陳正全等志工。兩年後，志工們力邀做事認眞、負責的寬洪參與慈濟慈誠隊員培訓。

一九九八年，慈誠培訓接近尾聲，寬洪的父親大腸癌復發住院。

「老先生三年前手術切除大腸腫瘤，恢復得不錯，按說每半年要回診追蹤，可是都沒來回診，現在已經是末期了！」醫師無奈地搖頭。

寬洪聽完醫師的話，整顆心像是被鐵鉗夾住般，連呼吸都覺得困難。自責的聲浪更是一波接著一波打從心底湧起：「是我疏忽了！是我沒有堅持要父親回診……是我的錯！」這分自責，在面對病床上的父親時尤其強烈。曾幾何時，溫文儒雅的父親，在病魔的摧殘下，才短短一、兩個月，就已經形銷骨立了！

「何寬洪，你這個兒子是怎麼當的？父親今天病成這樣，你要負最大的責任！」午夜時分，他每每被自責的聲音驚出一身冷汗。「不！不！我只是疏忽了！我也心疼父親的病痛啊！」身體裡面另一個辯解的聲音，卻是那樣地微弱、心虛！

不知什麼時候開始，寬洪睡覺的時間拉長了，甚至早上起來，才吃完早餐，就又睡著了！沒來由的嗜睡讓全家大爲緊張，珠珍陪他看遍中、西醫，都檢查不出問題，醫生只是開些內服藥丸。既然醫生診斷不出所以然，心憂如焚的珠珍不得已只好求神問卜；但寬洪的狀況並沒有改善，一樣嗜睡如故。

「砰——砰——」幾個月後的凌晨兩點，寬洪竟因爲睡不著而痛苦地猛捶牆壁。

「寬洪，別捶！會吵到鄰居，我陪你出去散散步。」珠珍揉著疲累不堪的眼睛，心疼地說。

夜深人靜的中壢市區，昏黃的街燈下，除了偶爾呼嘯而過的汽車，就只有寬洪夫妻沉重的腳步聲。珠珍牽著丈夫的手，看著他走起路來晃呀晃地，像極了臺語歌曲〈愛拚才會贏〉中說的「有魂無體親像稻草人」。數月來，說不出口的憂心一下子全湧上心頭，喉頭一緊，一顆顆豆大的淚珠落了下來。

她邊哭邊想：「他是怎麼啦？先前睡個不停，這陣子卻又老是睡不著覺；醫生看了，藥也吃了，可就是睡不著！唉！看他兩眼無神，坐也坐不住，眞讓人擔心！該不是患了憂鬱症吧？」

次日，她再陪他去看醫生。醫生皺著雙眉，困惑地說：「妳先生的確是憂鬱症導致自律神經失調，之所以沒向你們說明白，是怕你們太緊張，反而加重病情。我之前開給他的藥就有抗憂鬱的，怎麼還是睡不著？今天換別的藥試試。」

終於找到治病良方

接下來的日子，不只試藥，連大醫院都一家試過一家，卻依然藥石罔效。

有一天晚上，珠珍注意到寬洪怔怔地盯著電視，足足有十分鐘不動也不語，當時螢幕上正好是大愛電視臺播映的《人間菩提》——證嚴上人開示的節目。這一發現，讓珠珍意會到先生的病，除了藥物，上人的法語甘露或許是一帖良方。

從此，上人開示的時段，她就打開大愛頻道給他看；另外，再邀約他去慈濟環保站做志工，以轉移他的注意力，降低他焦躁不安的情緒，也消耗他的體力，讓他晚上容易入睡。

「這寶特瓶要踩扁，來，用腳踩下去……」事實上，生了病的寬洪不僅坐立難安，而且一臉茫然，凡事都是一個口令一個動作；做環保也一樣。儘管珠珍常因此累得眼冒金星，但爲了讓他能快快好起來，她覺得再苦再累都值得。

漫長的兩年過去了，聖誕節的鈴聲又將響起；慈濟志工們籌備歲末祝福的腳步愈加緊鑼密鼓；寬洪的症狀漸漸有了改善。珠珍在一次禮拜《藥師經》後，許下心願：「我爲寬洪捐出一百萬給慈濟救助貧困，祝福他早日康復。」

或許是珠珍的願力上達天聽，寬洪果眞康復了！二〇〇〇年歲末祝福，證嚴上人在臺北關渡園

二〇一二年六月二十七日，何寬洪、吳珠珍夫妻陪同桃園平鎭環保志工花蓮尋根之旅。（攝影：廖宥茵）

區爲北區新委員、新慈誠、新榮董授證。這天，寬洪西裝革履、精神抖擻，在珠珍的陪同下前往關渡，同時受證成爲慈濟榮董與慈誠隊員。

他的康復，珠珍的悉心照顧、醫生的仔細用藥功不可沒；上人的開示：「前腳走，後腳放——不愉快的事過後，就讓它隨風而逝……」則徹底解開他自認愧對父親的心結。他走出了自責的陰影，發願要更努力做慈濟，將功德回向給父親。

他不只參加骨髓關懷小組，更努力地聯絡、尋找、陪伴被配對到的捐髓者及膚慰受髓者；而且爲了推廣資源回收，在兒子開設的「汽車音響公司」旁邊，借得新竹企銀（後改稱渣打銀行）的騎樓下，設立臨時環保點，吸引附近店家、住戶，於每月的第二個星期日，將可回收的東西送來環保點分類回收。

二〇〇五年十一月二十六日，慈濟中壢園區造血幹細胞捐贈驗血宣導活動，何寬洪爲欲參與驗血者詳細解說。（攝影：黃秀玉）

剛開始，總有過路人好奇地駐足圍觀；漸漸地，圍觀的人少了，參與回收分類的人增多了，回收物更是與日俱增。又在珠珍的陪伴下，他與當地志工配合宋屋國小的校內回收，每星期五早上七點進校園做分類；八點至八點半，於回收現場教小朋友辨識可回收物和實習分類。

平鎮環保教育站成立

在慈濟志工的齊心努力下，二〇一〇年四月平鎮義民公園一隅，平鎮環保教育站成立。啓用當天是星期日，寬洪與珠珍帶著他們十歲的孫子一起去參加啓用典禮。

平鎮市長陳萬得這天應寬洪的邀請，特地前來與二百三十位環保志工及里民，一起見證新環保站的啓用。陳市長微笑說：「這占地一百五十坪的環保站，鄰近有義民廟、義民公園，隔著馬路又有復興

二〇〇八年四月十三日，何寬洪手拿鐵鎚，參與中壢園區慈濟四十二周年展布置。（攝影：傅春梅）

親子公園，早晚都有市民前來運動、散步。相信慈濟功德會的師兄、師姊，在這裡做資源回收，除了可以讓全市的垃圾減量，更可以帶動社區民眾一起做環保，讓這裡成爲平鎮市的『環保公園』。」

時任平鎮慈誠隊和氣隊長的何寬洪，接著向大家介紹環保教育站的緣起：「由於社區大德積極參與資源回收，加上回收物日益增多，原宋屋國小環保點不敷使用，在志工們的分頭尋找下，好不容易找到這塊閒置的空地，幾經奔走、協調，終能得到市長的首肯，成立環保教育站。再一次感恩陳市長、劉里長的鼎力協助，以及所有社區大德的共襄盛舉。」

何寬洪停了一下，繼續說：「這個環保站將提供社區民眾，各項資源回收、分類相關教育實務知識外，並可以作爲讀書會、手語等共修場所，希望慈濟人文、證嚴上人的

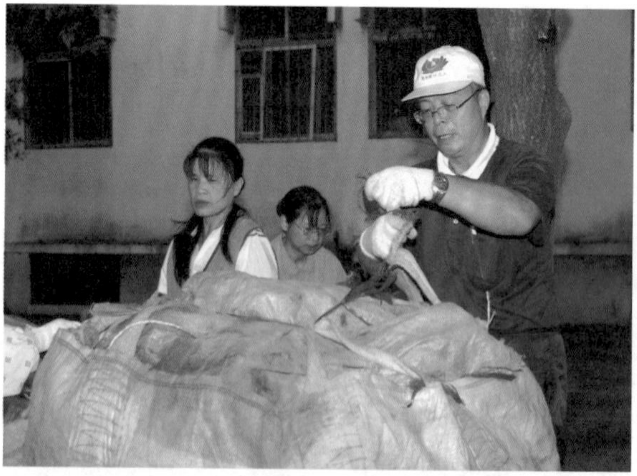

二〇〇六年十月二十七日，何寬洪與社區環保志工，在桃園平鎮宋屋國小關設的資源回收點做回收物分類及打包。（攝影：詹秀芳）

甘露法水，能洗滌人心，讓這裡不只是環保教育站，更是時時散發出恬靜氣息，可以舒緩情緒，同時還是最親民的美善園地。」

典禮結束，何寬洪的孫子在公園跑了一大圈後，興致勃勃地跑回來拉著寬洪的手說：「阿公，我帶你去看一樣東西。」

祖孫倆走到二十公尺外的一棵木麻黃樹下，孫子停住腳步，抬頭指著樹上說：「你看，那上面有好多蜜蜂嗡嗡地飛來飛去，樹枝中間有團黑黑的東西，是不是蜂窩？」寬洪笑著點點頭，慈祥地回答：「對！那就是蜜蜂的家。」

「阿公，你帶我爬上去看……」

孫子的話沒說完，寬洪已拉著他的小手，一溜煙躲進環保站；孫子不明就裡，稚嫩的叫聲喊著：「阿公、阿公……」在風中漫舞。

二〇〇六年十月一日，中壢園區中秋節晚會，何寬洪抱著志工吳振能就讀慈濟兒童精進班的孫子，笑得合不攏嘴。
（攝影：詹秀芳）

少欲知足　歡喜付出——王海山的故事

文◎徐淑靜

二〇〇八年罹病後的王海山，雖然病痛纏身，仍打起精神，前往鶯歌大湖環保站參與活動，不久之後，病情惡化而往生。（攝影：徐淑靜）

【王海山小檔案】

一九六三年生，臺北縣人。一九九八年受證慈誠。對於證嚴上人所說「滴水成河，粒米成籮」、「有心就有福，有願就有力」有深刻的體悟，認為只要有心，小小的力量也能發揮大大的功能。他的工作收入雖不豐厚，卻甘於過著簡樸的生活，寧可捐出大部分所得，幫助別人，選擇做一個真正心靈的富翁。

粉色的幽蘭，簡單素淨的布置，空氣中迴盪著悠悠的佛號聲，螢幕上播放著慈濟九二一希望工程、環保回收、骨髓捐贈（即周邊血捐贈）驗血……等活動照片，讓莊嚴的追思會場增添溫馨氣氛，在場的每個人隨著一頁頁翻轉的畫面回到過去，那黝黑的瘦弱身軀歷歷在眼前。

堅定護持

「喂——黃師兄，這次花蓮慈院志工的勤務，可不可以換人？」

「你是——」黃進興在電話中，聽到對方「漏風、漏風」的口音，實在聽不出是誰。

「我是王海山啦！」

「你的聲音怎麼怪怪的，跟平常不一樣？」黃進興不解地問。

「昨天送貨的時候，被客戶家突然狂叫的狗嚇到，一時腳步不穩，跌了一跤，撞斷了牙齒，所以現在講話有點漏風。」王海山自己也很不習慣，用舌頭舔了舔沒了牙齒的牙齦，感覺還有些微的血腥味。

「怎麼這麼不小心呢？有要緊嘸？有沒有去看醫生？」黃進興關心地問。

「還好啦！嘸要緊，只是沒了門牙，吃東西比較不方便而已，沒什麼大礙。」雖然不在意，但王海山還是說出心中的擔憂和顧慮，「如果到花蓮做志工，回精舍安單，我怕嚇到上人，不太好。」

「好啦！我幫你跟其他師兄調換，你自己要保重喔！」

就這樣，那陣子王海山除了沒回花蓮慈院當志工外，在其他的勤務和活動中，志工們經常看到他不時抿著嘴，以及聽到他說話「漏風」的聲音。

「這一車是要裝紙類的，幫忙將紙類先搬出來。」聽到王海山的吆喝聲，正在處理瓶瓶罐罐的鄭麗卿，抬頭看了他一眼後，不好意思當面問他，便將黃進興拉到一旁，好奇地問：「海山師兄的牙齒怎麼到現在都還沒裝好？」

「對啊！不知道爲什麼？都半年多了，就算做齒模，也不需要那麼久。」黃進興忽然想起了王海山的收入並不多，帶著疑惑推敲道：「現在裝假牙這麼貴，他那四顆應該要花不少錢吧！會不會沒錢裝呢？」

「找個機會探一探。」鄭麗卿囑咐道：「或許他不好意思開口也不一定。」

「海山師兄，你的門面什麼時候要整修啊？」某日南下參與「九二一希望工程」的途中，在遊覽車上，黃進興指了指王海山的牙齒，關心地問：「有什麼困難嗎？」

「沒有啦！」王海山抬手搔了搔額頭，支支吾吾地露出靦腆的表情，一字一頓地說：「我——我只是想等新店慈濟醫院蓋好再去看。」

「啊！為什麼？」黃進興不解地追問道：「現在才九月份，聽說新店慈院要到明年五月才開幕、營運呢。」

「裝假牙這麼貴，要賺當然要給自己的醫院賺囉！」王海山毫不思索，一副理所當然地說。

「那你不是還要『漏風』很久，下個

二〇〇八年，王海山已經罹患鼻咽癌第四期，但只要體力許可，他仍會到鶯歌大湖環保站做資源回收。
（攝影：徐淑靜）

月你不是要回花蓮做志工？老是找人調班也不是辦法。」雖然王海山堅定護持慈濟的心令人感動，但黃進興還是極力勸他早日將門牙裝好。

「對啦！趕快把牙齒弄好，方便飲食、有助健康，也不用在眾人面前遮遮掩掩，會比較莊嚴，回花蓮也不用怕會嚇到上人。」一旁的志工黃錦華連忙分析給他聽。

聽到他人這麼說，王海山尷尬地漲紅了臉，低下頭來。志工們的建議，王海山聽進去了，他利用到花蓮當志工前的空檔，用最經濟的方式，在自家附近牙醫診所把假牙裝上了。

互為善知識

由於先天性心臟瓣膜不健全，王海山自幼體弱多病，母親在他十三歲時往生，同年底他因心臟無法負荷，做了開心手術。由於身體欠佳，國中畢業後便不再升學，跟隨父親到工廠上班，學歷不高，又無一技之長，只能當作業員；薪水雖然不多，但勤奮耐勞的個性，讓他有穩定收入，過著淡泊的生活。在姊姊王德美的接引下接觸佛法，因而認識了黃進興。

「海山師兄，星期日慈濟在桃園成功國小，有一場骨髓捐贈（即周邊血捐贈）驗血活動，你來幫忙指揮交通好嗎？」一九九五年十月佛學講堂課程結束後，黃進興邀約鄰座的王海山參加慈濟的活動。

「什麼是『骨髓捐贈驗血活動』啊？」王海山雖然不清楚，但直覺地認爲應該是與佛教有關的活動。

「那是爲了救罹患血癌的病患而舉辦的驗血活動。」黃進興耐心地解說：「血癌的病患因爲造血功能喪失，所以需要健康的人來參與抽血建檔，希望從中找到與病患吻合的骨髓，透過骨髓移植讓他恢復健康，就像開刀，有時候失血過多，就必須輸入別人的血來救命，是一樣的道理。」

王海山想起當年動心臟手術時，需要大量輸血，很多不認識的人都能挽起衣袖來捐血，讓手術順利成功，救了自己一命；現在或許自己也可以當個救人的人，於是就答應了，這是王海山第一次接觸慈濟的活動。自此而後，王海山跟隨黃進興積極投入慈濟志工行列。

一九九九年九月二十一日凌晨，短短幾秒鐘，一陣天搖地動，造成中臺灣山河破碎，學校、民宅倒塌不計其數，繁華大街瞬間從人間天堂化作修羅地獄。看到電視上播

王海山（前排右三）參加九二一希望工程連鎖磚的鋪設。
（攝影：徐淑靜/翻拍）

放著災區斷垣殘壁的景象，宛如人間煉獄，又聽到上人哽咽悲切地呼籲投入救災，深深震撼人心！王海山悲憫心起，好幾個晚上都無法成眠。

「黃師兄，慈濟如果要去救災，我也要去。」隔天上班前，王海山主動打電話給黃進興。

「你不是要上班嗎？」本想假日再找他一起去的黃進興回道。

「我可以請假啊！想起災區的慘狀，我實在無法安心去上班。」雖然不知道自己能幫上什麼忙，但王海山不假思索地說：「救災比賺錢重要！」

來到災區，百廢待舉，王海山跟隨

著志工們一起跋山涉水，深入僻壤鄉鎮賑災、發放。

看到學童在臨時搭建的鐵皮屋上課，太陽猛烈照射後，宛如在烤箱內讀書，琅琅的讀書聲透過薄薄的隔板相互干擾，造成學習上的種種困擾。

這些現象看在王海山眼裡，急在心裡，當下發願要盡己所能，幫助他們早一點走出災後的陰霾，於是，他心裡有了主意。

有願就有力

「怎麼別人家沒停電，你家在停電？是保險絲壞了嗎？」許久沒來探望弟弟的王德美，進門看見屋裡一片昏暗，桌上點著小蠟燭，只見王海山在微弱的燭光下用餐，不覺納悶地問：「你在吃燭光晚餐嗎？什麼時候變得這麼浪漫？」

「不是啦！環保站回收了很多沒點完的蠟燭，丟了可惜，就拿回來用。吃飯嘛！看得到就行了。」王海山不以爲意地說。接著問：「妳吃了嗎？要不要一起吃？」

「那蠟燭本來是做什麼用的，你知道嗎？要省，也不是這樣的省法，眞是的！」瞪了一眼微光中的弟弟，王德美唸上幾句。

「知道啊！就算是廟裡作法事用的，有什麼關係？我學佛這麼久了，早已百無禁忌。」王海山一臉不在乎地說。

王德美來到餐桌前，微微閃爍的燭光下，只有一碗麵線糊，別無其他菜餚。

「這麼省，存『娶某本』？」王德美一邊調侃弟弟，一邊順手從桌底下拉出一張板凳坐下來，一個重心不穩，剎那間，身體不自覺地晃了一下。

「小心一點——」王海山本能地伸出手去扶她一把，「畢竟是回收來的，總會有缺損，要小心坐啊！」

王德美探頭往桌底下一看，才發現果真每張椅子長得都不一樣，不禁搖了搖頭，正想碎唸，卻聽見弟弟得意地說：「不只桌子、椅子是回收來的，我現在連冰箱、電扇、收音機、脫水機也都有了。」

「都是回收來的嗎？」王德美沒好氣地問。

「嗯，不可思議吧！」王海山一臉賺到了的表情，「現在的人眞是太不懂得惜福了，好好的東西都拿去丟。」

面對這樣的傻弟弟，王德美眞想一拳打下去，但伸出去的手，卻只是輕輕地拍在王海山的肩上，忍不住地嘮叨起來，「幫助別人是好事，但也犯不著用別人不用的東西，還搞得天天吃麵線糊過日子，自己的身體也要照顧好。」

「嘿嘿——」王海山傻笑，點頭如搗蒜般連稱：「是是是。」在這樣省吃儉用下，王海山的日常花費愈來愈少；相對地，存下來捐作善事的功德款就變多了。

「錦華師姊，這是這個月的功德款。」王海山恭恭敬敬地捧著裝滿錢的福慧罐，交給黃錦華。

黃錦華算了算福慧罐的錢後，驚訝道：「有三萬多哩！你的薪水一個月不是只有兩萬多元嗎？」

「上個月加班比較多，所以能多捐一點。」

「你自己也要存一些錢，有適合的對象，要結婚時才有錢用。」看到王海山又將整個月所賺的錢全部捐出來，黃錦華勸說他要存些「娶某本」。

「但是上人等著這些錢蓋學校呢！」王海山這才一臉羞澀，語氣堅定地說：「況且娶老婆也要有對象，我八字都還沒一撇。」

節儉成性

希望工程完工後，王海山全心全力投入在環保上。每日下班後就到鶯歌大湖環保站做分類。有一天，一位婦人拎了幾只大袋子來到環保站，對志工說：「這是我先生留下來的，都還能用，丟棄了可惜，如果不嫌棄的話，就麻煩幫我送給有緣人吧！」講完就匆匆離去。

志工賴碧芬逐一檢視袋子，都是男用衣物，有整套的西裝、襯衫、外套、毛衣，一應俱全。

「質料都這麼好，這衣服你應該能穿吧！」賴碧芬將手上的襯衫對著王海山的肩膀比了比。

「肩寬剛剛好，你可以穿，要不要拿回去惜福？」

「眞的，這麼剛好！有了這些衣服，我可以十年不用買衣服囉！」這些衣服彷彿爲自己量身訂做的，王海山有些驚訝，竟然有這麼好的事。

二〇〇七年底，有一天在做環保時，黃錦華看著王海山，總覺得他和平常不一樣。

「海山師兄，你今天怎麼看起來怪怪的？」

「有嗎？還不是一樣。」王海山頭也不抬地回答。

趨前，對著王海山左看右瞧，黃錦華突然驚叫起來，「哎呀──你的脖子怎麼長了這麼大的瘤呀！」

賴碧芬也放下手邊的工作，過來仔細端詳一番後，覺得不對勁地問：「你有去看醫生嗎？」只見王海山頭埋得更低，裝作沒聽見，不再理會大家。

環保工作結束後，黃錦華及賴碧芬擔心王海山的身體狀況，在半強迫下，陪伴他回到住處，並將情況告知他的家人。

王海山（左）罹病後由哥哥王海水（右）一路陪伴照顧。（攝影：徐淑靜）

「我就覺得奇怪，爲什麼他來我家看電視時，總是用手托著脖子。」哥哥王海水恍然大悟地說。

「又沒有覺得不舒服，怎好麻煩大家？」王海山仍不以爲意。

「這麼大的一顆瘤，你放心，我們還不放心呢！不管怎樣還是去檢查一下比較好，至少圖個心安。」黃錦華對著王海山說，臨走前再三地叮嚀王海水，一定要帶他到醫院去作檢查。

門診時，醫生看著檢查報告，摸了摸王海山脖子上的腫瘤，臉上的表情愈來愈沉重：「怎麼會拖這麼久才來檢查呢？是鼻咽癌，不能再拖了。」並要他及時住院治療。

「生病是在消業障，沒什麼不好。」住院接受化療期間，王海山反而對前來探病的人說，要以平常心來看待，不用爲他擔心。

「師兄、師姊帶來蘋果和芭樂，你想吃嗎？」當慈濟人離去後，王海水問他。

王海山無力地指了指芭樂後，王海水在桌面上鋪了兩張衛生紙，用水果刀將芭樂頭尾兩端切掉後，走到茶水間，打開飲水機，用水將芭樂沖一沖。回到病房後，見切下來的兩片蒂頭旁邊的果肉，已被王海山啃得乾乾淨淨。

「眞是拿你沒辦法，都這時候了，還不懂得照顧自己。上面可能有農藥殘留，沒有洗怎麼可以吃呢？要惜福也不是這樣的惜法。你啊！眞是沒藥醫了。」想罵又不忍心，王海水叨唸了他幾句。

王海山（右）與兄姊快樂出遊的合影。
（圖片提供：王海山）

「哎呀！不乾不淨，吃了沒病，沒事的啦！」王海山反倒一臉無所謂，「嘿嘿——」調皮地笑了起來。這笑容，正如螢幕上播放著他咧嘴微笑的憨厚影像

千帆過盡，王海山純樸的身影，讓人感受到他默默付出——「積沙成塔，粒米成籮」的堅定力量。追思會結束後，慈濟志工整齊列隊，懷抱著不捨的心情唱誦〈大愛無邊〉，虔誠地祝福他早去早回，換一個健康的身體，再回來與大家結法親，續法緣。

放下人我是非——施永春的故事

文◎陳國麟

二〇一九年二月二十三日施永春（左）捐贈救護車「慈雲號」給彰化鹽埔老家的消防分隊，希望「慈雲號」發揮救災救難的功能。（攝影：陳國麟/翻拍自臺灣導報）

【施永春小檔案】

生於一九五三年，彰化縣埔鹽鄉人。一九七七年北上桃園，從事資源回收事業。一九九九年受證為慈誠，法號惟弘。承擔八德和氣隊長功能期間，將所經營的事業交由兒子承接；自己則與承擔八德和氣組長的妻子張秀鑾，全心成為慈濟的園丁。二〇一六年九月，八德靜思堂動土開工，施永春勇於承擔八德靜思堂行政窗口，祈願接引更多會眾。

「進入慈濟會改變自己，慈濟早期的錄音帶《渡》，都是在談壞人變好人。我跟老婆說，如果以後我是慈濟人，我要好人變得更好。」施永春在尙未進入慈濟之前，曾向慈濟志工這麼分享。

詼諧幽默 結緣四方

施永春，個子英挺高拔，一遇到人，往往嘴巴未開口，眼睛早已帶著微笑向人打招呼。因爲這種爽朗的個性，再加上詼諧幽默的談吐，爲人又「阿莎力」，因此交遊廣闊，在資源回收業界佔有一席之地。

一九九一年，慈濟志工在桃園地區倡導資源回收分類，彼時在回收業的社團組織擔任常務理事的施永春，應邀教導環保志工如何做資源分類與回收。

那是施永春第一次目睹慈濟志工付出唯恐落於人後的經驗，他深深受到震撼，看到一群人，爭搶著把剛倒在地上的回收物作分類，當下心想：「這是怎樣的團體，竟然每個人都搶著工作？」慈濟志工的「爲善競爭」，在施永春的心中埋下一顆善的種子，就因爲這樣的付出無所求，讓一位處處居於領導地位的老闆，肯彎下腰來，用心、無悔地走在慈濟的菩薩道上。

施永春培訓了五年，才完成慈誠隊員的受證。他在做資源回收的因緣下接觸慈濟，並受到同一社區的慈誠隊員黃進財的鼓勵，加入了慈誠隊的培訓。一般正常培訓，兩年即可獲得受證，施永春卻前後花了五年的時間……

這當中有兩個原因，一是，他戒不了香菸；再者，他一直在思考：「如果有一天證嚴上人不在了，我還會不會在慈濟？假如上人在，我進入慈濟；上人不在，我就退出，那我寧願不要受證。」坦蕩磊落、豪放不羈的他，大剌剌地向志工表達心中的想法。

在培訓期間，有一次因爲身上還有菸味，被當時擔任慈濟桃園區副中隊長的楊慶鐘沒收培訓證。當時，施永春正處於沒有動力戒菸的狀態，因此楊慶鐘的舉動，讓他有一個戒菸的機會，不但毫無異議地坦然接受，而且對楊慶鐘心存感激。然而，這次機會，施永春還是沒能戒菸成功。

直到有一次，前往花蓮參加環保議題的會議，證嚴上人蒞臨指導，參與每一小組的討論。因擔心上人聞出自己嘴裡的菸味，對於上人的提問，施永春只能緊閉嘴巴，笑而不答；在搭火車回程的車上，他愈想愈鬱卒，堂堂五尺之軀，竟然會因爲香菸而對上人如此地無禮。一回到家裡，施永春就下定決心「戒了」，說到做到！果眞，就把菸給戒掉了。

至於第二項疑惑，當時擔任慈濟小隊長的黃進財，講了一個比喻：佛教距今已二千五百多年了，難道佛陀不在，佛教、佛門弟子就不存在了嗎？慈濟的所有師兄師姊，只要依上人「爲佛教，爲眾生」的理念而行，慈濟及所有的師兄師姊會不存在嗎？

這個比喻，把施永春的疑慮解開了，他終於在一九九九年受證爲慈誠隊員。

光光去 暗暗回來

一路走來，施永春在事業、家庭、志業間，依然以其不拘小節的性格，及廣結四方緣、笑納八方財的模式來回優遊。在錢財的布施方面，他至今仍一直堅信閩南語的一句俗諺——光光的去，暗暗的回來。

施永春從事資源回收業十幾年來，經常交際、應酬，爲人海派，凡事不計較，因此沒存到什麼錢。直到一九九〇年間，他認捐了花蓮慈濟醫院的病房三十萬，剛開始還因爲沒有現金支付，只好以分期付款的方式開了好幾張支票。原本預計以一年的時間支付完畢，豈知單純的一念布施，竟從那時候起，施永春的生意出奇地平順，不到三個月就索回全部支票，改以現金一次付清。

有了這次的經驗，施永春便開始不定期地認捐醫院病床，並陸續以家人的名譽認捐「慈濟榮董」——凡捐款滿新臺幣一百萬元者，由佛教慈濟基金會聘任爲永久榮譽董事，簡稱爲「榮董」。施永春不但認捐得滿心歡喜，而且這似乎也形成一種善的循環……

由於施永春的廠房面積夠大，另一方面也因爲他的發心，特地挪出一處提供慈濟志工作爲平時共修聯誼之用。曾經廠房因老舊進行整修，再加上購買新的慈濟資源回收車，花了不少費用；但說也奇怪，多年前買的一塊空地，一直苦無適當的買主，卻在此時順利成交。扣除以上的費用還剩不少盈餘。施永春心想：「支付的這些錢，不是我出的錢，而是佛祖的錢。」

施永春一次次印證了他所說「光光的去，暗暗的回來」的古老諺語……

龜山有一家電腦公司，不定期地將報銷的電腦產品捐給慈濟，七、八年來都是由施永春前去處理。這期間，該公司的承辦人員有的已轉到其他公司上班，但這些公司的資源回收工程，也委託施永春的公司處理。這就說明了，本著一顆單純付出的心去處理回收物，卻意外地讓公司接到好幾筆生意。

不是突破　就是內傷

慈濟的菩薩道上，由於施永春的談吐風趣又不失分寸，凡事能包容、不計較，在慈濟的團體中，獲得了其他志工一致的讚賞與景仰。然而，在他承擔和氣隊長期間，卻因人我是非的困擾，在慈濟路上差點退轉……

施永春以資源回收業起家，更藉由資源回收的因緣而踏入慈濟。這期間，他義不容辭地成爲慈濟資源回收物品繳交的廠商。本著誠正信實的訓示，慈濟的資源回收更是報多少重量就支付多少錢，施永春鮮少去過問。偶有因傳達不明確而造成的疏漏，最終也都能及時化解。

但還是會遭遇到一些人事的紛擾，以及因旁人對一些事件未能全面瞭解，而對施永春產生誤解。這些事情常讓施永春感到困擾，也讓已接下事業的兒女爲父親平時對慈濟無所求的護持，卻換來無謂的誤解，感到委屈與不捨，也曾言明不想再收慈濟的回收物品，甚至請求父親退出慈濟道場。

施永春也的確起了退轉心，他心想：「我難道要因資源回收進入慈濟，也要因資源回收而退出慈濟？」

一旦想到這裡，施永春半夜久久無法成眠，他獨自一人坐在偌大的客廳想著，「這一次的事件，我施永春要是跳得過去，就是一種突破；要是跳不過去，就是內傷。」

繼而一想，「我進來慈濟是做什麼的？是來跟人家結緣的，不是結怨的。」心念一轉，長久以來恆持的初發心終於覺醒，這些日子以來的懊惱，頓時煙消霧散，整個視野豁然開朗。二話不說，施永春隨即拿起電話，主動地向誤解的人表達懺悔並委婉說明。

未經一番寒澈骨，怎得梅花撲鼻香？今日的施永春，比以往花更多的時間及心力在組隊上。原本事業、家業與志業三者齊頭並進的觀念與作法，也轉而將慈濟的志業放在首位，不為別的，他一心只想把八德和氣區的力量凝聚起來。

施永春憑藉上人的法語智慧，最終以平常心面對，並時時反觀自照，持續保持單純心念，回歸「初發心」而致峰迴路轉，開啟了更上一層的人生體悟與修行，視野與格局也相對地提升了許多。

承擔功能　心中滿滿感動

將社區民眾凝聚起來的心願，上天似乎聽到了；二〇一六年九月二十五日，慈濟八

二〇一九年七月十一日，施永春（左二）和志工們在八德靜思堂施工期間，一起參與環境整理打掃的工作，結束後與志工們合影。
（攝影：陳國麟）

德靜思堂動土。此時，施永春憑藉著處事圓融、凡事包容、善解的人格特質，被推薦承擔八德靜思堂的行政窗口，負責內外聯繫、接洽、協調各區志工在施工期間的工作安排等事宜。

從施工開始到二〇一八年十月，整座靜思堂建蓋期間，施永春從未想過聯繫接洽事務的繁重，反而對志工無所求的付出，讓他時刻感動在心頭，尤其是香積志工在工地推動素食所用的心力，讓他相當感動。在一餐只有四十元的有限經費下，志工們費盡心思地想菜單，即使是素食料理，也要做到色香味俱全，讓工地菩薩食指大動；餐後還準備了精緻的水果及小點心，期盼大家吃得飽、吃得健

二〇二〇年一月十五日，巴西教育團隊蒞臨八德靜思堂參觀，施永春（後排中間）陪同導覽八德靜思堂興建的緣由及說明往後的用途。圖爲衆人於頂層的菩提葉造型合影。（攝影：呂孟玲）

康，又能響應素食。

當他看到負責香積的陳秀蘭，幾乎風雨無阻地每天來工地，親力親爲地安排每一組輪班的香積志工，並和他們討論菜色的變化及作法，簡直就是將靜思堂當成自己的家在看顧。施永春每每想起陳秀蘭那堅毅的身影，不禁眉頭一緊，一陣鼻酸，「秀蘭師姊這樣無私、盡己所能地奉獻，卻因一場病而往生，讓我們這些與她朝夕相處的志工，除了更加懷念外，也相當地不捨……」

除了陳秀蘭，還有年近六十的蕭志成，也讓施永春無比感動。蕭志成每天都默默地前來工地打掃，哪裡髒了，就自動拿起抹布擦拭，也勤於巡視廁所，只要一點髒污，便立刻清洗。他習慣安靜地做事，不會跟其他人聊天。看在施永春眼裡，十分不捨，打從心底感恩這些志工的相挺。

還有陳文枝，總是將抹布仔細地依顏色區分，以分別擦拭不同的物件；以及家裡開瓦斯行的王天慶，無償地供應工地廚房的瓦斯使用。施永春的腦海裡，還有無數默默行善，令他難以忘懷的志工夥伴……

他很享受與人聊起這些令他難忘的志工點滴，說到動容之處，他就隨手拿起茶几上女兒爲他泡好的高山烏龍茶，啜了一口，抬起頭望向窗外濛濛的天色，細細的雨絲正打在屋前那幾棵桂花樹上。他不自覺地將眼睛瞇成一條線，嘴角微微地上揚，似乎還浸淫在那點點滴滴的感動氛圍中。

二〇〇六年十一月十六日，慈濟桃園八德組隊愛灑化學兵學校，施永春（中）感恩部隊長官對於慈濟傳達美善的認同。（攝影：陳國麟）

在承擔八德靜思堂行政窗口期間，正是這些數不勝數的感動，讓施永春心中的感恩湧現，也讓他漸漸地突破自我，打開了更遼闊的視野與胸襟。

二〇一九年的二月二十三日，施永春以實際的行動感恩消防人員，他以父親「施西東家族」的名義，捐贈一輛價值三百八十萬元的救護車回饋故鄉。施永春是彰化縣埔鹽鄉人，當他得知故鄉埔鹽消防隊的救護車已經老舊，憶起自家工廠曾經發生大火，當時手足無措的施永春，親眼看見消防人員拚命衝入火場救災，因而讓他保住大部分的財產。

還有一次，施永春在工作中不慎受傷，幸虧救護車及醫護人員及時趕到，緊急救回一命，讓他一直銘記在心，當時暗自下定決心，只要有能力，一定要回饋消防隊。施永春心有所感，「消防員就像觀世音菩薩一樣，千處祈求千處現，哪裡有災難就到哪裡

二〇一八年四月十四日，八德靜思堂興建期間，志工們愛的接力，施永春參與其中（中），為八德園區植樹造景，綠化整體環境。（攝影：呂孟玲）

去。」這次捐贈救護車以「慈雲號」命名，就是希望消防人員像觀世音菩薩一樣，駕著「慈雲號」到處去救災救難，讓鄉親在危難之時得救、得安。

以初發心 譜寫人生新頁

施永春心心念念的願望，就是接引更多社區民眾走進慈濟，他不想讓大家認爲八德靜思堂是一座遙不可及、莊嚴肅穆的場所，其實它是一處親民的道場。因此，施永春心裡有個想法：在八德靜思堂裡開設一家布置素雅的蔬食餐飲工作坊，經營臺灣古早味的餐點，一來解決八德地區較少蔬食餐廳的需求；再者，除了推動素食外，也讓民眾藉由用餐的機會，與八德靜思堂的人事物互動。

施永春和其他志工討論後，打算在進入餐飲工作坊前，設置一道藝廊，不定期

二○○六年四月三十日，在慈濟四十周年慶期間，承擔八德和氣隊長的施永春和隊內志工們，一起參與靜思堂景觀工程環境整理。圖爲志工正進行水管修復工程。
（攝影：陳國麟）

地展覽各界推薦的繪畫、攝影、裝飾及環保設計等藝術創意作品，讓民眾在用餐前，先享受心靈的洗禮，再細細地品嚐蔬食輕彈味蕾的韻味。另外，利用八德靜思堂腹地廣大的優勢，留一處空間給年輕人作爲文創園地及二手市集，展現他們的理念，也可以不定期地舉辦大型的音樂會或劇團演出等。

在慈濟內部的運用上，除了例行活動的舉辦外，也逐步推動作爲國際倉儲之用，或設立幼兒園、長照服務及承辦慈濟國際營隊等。

八德靜思堂於二〇二〇年十二月十二日啓用，在施永春的心中，他一直牢牢惦記著任重道遠的箴言——今天我們以慈濟爲榮，明天慈濟以我們爲榮。

啓用後的八德靜思堂，施永春的視野開了，心胸寬了，腳步也更加篤定了；他依然抱持著「初發心」，用心譜寫未來人生的新頁。

轉念

【輯二】／無常當如常

二〇一一年五月二十八日，開南大學應用日語系環保實作課程在寶慶環保站實習，陳淑子分享「如何做資源回收分類」。（攝影：張亦翔）

西裝店——陳淑子的故事

文◎李美儒

【陳淑子小檔案】

一九四〇年生，花蓮縣鳳林鄉人，二〇〇五年受證，法號明莉。七個兄弟姊妹中排行第二。一九六〇年結婚，育有二男二女。先生是裁縫師傅，歷經三次生意失敗，她皆獨力撐起經濟。五十幾歲時面臨先生、女婿、大兒子、小兒子相繼往生，徹底將意志堅強的她，打入萬丈深淵……幸好做慈濟，她得以從人生的谷底重新站起來。

火車隆隆地往前開，外婆從鳳林帶著兩歲多的陳淑子，搭乘往花蓮的火車，臉上因心情沉重而顯得糾結不安。

「這個小女孩好可愛，是誰的？」一位太太看小淑子可愛，隨口問問。

「她媽媽剛往生，爸爸在辦喪事，我先帶她來跟我住，等事情告一段落再帶回去。」外婆無奈地回答。火車走走停停，她們一來一往地聊著，幼小的陳淑子就此與原本堪稱溫馨的家庭，劃下了界線。

花蓮街道，攤販叫賣聲此起彼落。過沒幾天，陳淑子跟著外婆上街買東西，外婆遇見賣布料的熟人，兩人話匣子一開，竟忘了看顧陳淑子，她就這樣被不知名人士帶走了。

坎坷人生 一路顛簸

就讀國小一年級下學期，養父母突然離婚，陳淑子被迫放棄學業，隨後跟著疼愛他的養父，搬到鄉下的小叔叔家。一年後，養父再婚，她坎坷曲折的童年更加苦不堪言……

那一天，長期在外頭做生意的養父回家，得知女兒不時受後母欺負，靈機一動，特地從外面帶回六隻小鴨子，要陳淑子看養，讓她有外出透氣的機會，不致一直待在家受氣。誰知，後母忌妒心一起，更是找機會打她、罵她，甚至捏她，鄰居見狀，也只能無奈地在背後默默為她叫屈。

小小年紀的陳淑子有苦難言。這天陰天，陽光褪去了耀眼的光芒，吉安鄉公所派來一位查戶口的先生，驚見小小年紀的陳淑子，哄看弟妹有模有樣，於是詢問後母，希望她隔天就能到他家幫忙帶小孩。後母想到有錢可賺，不假思索就答應了，讓才十歲左右的陳淑子，毫無預警地接下了她人生的第一份工作。

勤勞、活潑、善良，原本就是陳淑子與生俱來的個性，能夠脫離後母每天無故的打罵，讓她更加珍惜這份工作；她總是自動自發地煮飯、打水、洗衣服……幾乎一手包辦所有家事，因此深獲老闆一家人的喜愛。

幾年後，陳淑子到一間工廠上班，因遭病毒感染，上吐下瀉不止，全身無力，她只好請假，搭乘三輪車回家休養。後母見狀卻故意刁難，把剩下的一些稀飯加滿水，又將浴缸的水全部排掉，不讓病懨懨的她吃飯和洗澡。

「我看妳找個人嫁了吧！反正家裡得不到溫暖，辛苦賺來的錢也不能留下來……」工廠裡的同事知道後，你一言我一語地建議長得亭亭玉立的陳淑子，鼓勵她早日擺脫後母的虐待。陳淑子自知命不好，不敢找有錢人、不敢嫁進大家庭，歷經多次相親，最後她選擇了一位裁縫師傅。

陳淑子結婚那年才二十歲，是先生以三千六百元的聘金換來的。新婚第三天，先生就找她麻煩，規定她幾點去買菜、幾點要吃飯，一點都不能有差錯。騎著腳踏車從店裡回家的先生，若發現飯還沒有煮好，鍋碗瓢盆就到處飛。她臉變得哀怨起來，屢屢飽受驚嚇，不知向誰訴苦，內心壓抑著滿腹的委屈，總是在暗地裡偷偷拭淚。

隔年，夫妻倆領養了一個小女孩，她的苦日子才稍獲改善。但是接下來的層層考驗卻紛至沓來。先生賺到了一些錢，打算將西裝店關起來，去投資做生意。沒多久生意失敗，錢也賠光了，陳淑子只好將賣不出去的貨扛到鄉下沿路叫賣。

等到有了一點積蓄後，陳淑子與先生又再度經營起西裝店，這時候孩子一個一個出生，生活逐漸在穩定中成長。可惜，好景不常，因為店裡僱用一位嗜賭的師傅，先生定力不夠，竟也跟著去賭博，不久，便將所有的積蓄輸光，還負債累累地跑到南部朋友家躲藏。

陳淑子失望至極，但為了孩子，毅然扛起債務，靠著一己之力邊做生意邊帶小孩，將所有債務還清。這時，先生才若無其事地返家，陳淑子不計前嫌，夫妻倆商討後決定租屋，再度經營起西裝店，經過夫妻倆同心協力，終於有了自己的房子和店面。

陳淑子才剛鬆了一口氣，先生卻又迷上了養蘭花的潮流。一天，家中昂貴的蘭花遭竊，一問之下才知道，全省養蘭花的幾乎同時發生竊案，陳淑子開出去的支票都無法兌現，同行間還互相牽連，以致跳票金額如滾雪球般蜂擁而至。這時四十六歲的陳淑子，負債高達一千多萬，在無計可施下，夫妻倆只好賣掉店面和住家償還債務，並遠離這是非之地，茫然頹喪地搬到臺中豐原定居。

聚散無常　續緣大愛

有一天，陳淑子外出，不料發生車禍，手骨嚴重骨折，經醫生治療，為取腳骨來填補，結果意外釀成遺憾，導致終身走路不便。兩年後，大兒子當兵歸來，選擇在桃園工作，他們舉家便搬到桃園中壢。一天，先生在住家附近的公園散步，巧遇久未聯絡的老朋友，便談起過去一生經歷的坎坷，朋友一聽，好心地將自己停止營業的檳榔攤頂讓給他。以為受到老天爺眷顧的夫妻倆，開心滿懷地在魚市場後面的騎樓下，經營起檳榔攤生意。一日午後，陽光格外刺眼，陳淑子剛吃完午餐，先生這時過來接班，「妳回去休息一下，我來幫妳顧。」

不到十分鐘，陳淑子才剛踏入家門，正想要躺下休息時，「鈴——鈴——」桌子上的電話猶如警鈴，猛然大作，她很快拿起話筒：「妳先生被車子撞到，很嚴重，妳趕快過來。」

「怎麼可能？騎樓下的攤子怎麼會給車撞了？」她納悶地喃喃自語，心不聽使喚地慌亂起來。匆匆趕到現場，看到先生頭殼破裂，躺在路邊，一動也不動，正等待救護車過來。

意想不到的事，就這樣硬生生地發生，先生送醫急救後宣告不治。這突如其來的巨大變故，陳淑子腦子瞬間一片空白，呼吸急促地昏厥過去；朦朧中，周遭議論紛紛的聲音愈來愈清晰，「一部小貨車，因爲橫拉桿忽然斷了，司機一時緊張，將油門當煞車踩，結果直接衝撞檳榔攤。」

強忍悲傷與幽怨的淚水，辦完喪事，陳淑子不願睹境傷心，決定離開中壢這塊傷心地，搬到桃園市。

二〇〇三年，一個晴朗的早晨，微風輕拂，陳淑子帶著兩個孫子來到同安親子公園玩，遠遠地，她被「慈濟血壓站」五個斗大的字眼吸引住，內心不由地抽動，像是找到失散多年的親人，讓她遙想起第一次與慈濟接觸的因緣……

那是一九六九年，當時花蓮市區並不繁榮。一天，經營布店的陳淑子，看見一位瘦弱的師父走進隔壁那家布店，不一會兒就離開了。她好奇地過去詢問，才知隔壁的老闆娘是慈濟委員，常與證嚴上人翻山越嶺去關懷貧困人家。命運多舛的她，感動之餘，當場決定加入慈濟會員；至於當一名慈濟志工，她想到孩子還小，又要顧店做衣服，「以後再說吧！」

無常驚心動魄　接連送走家人

一句「以後」，竟是相隔二十七載！

「來，你們到裡面去玩。」陳淑子支開孫子，上前與量血壓的師姊寒暄，「師姊，我想要再加入慈濟當會員可以嗎？我以前也是會員，只是搬來這裡都找不到慈濟。」

「當然可以啊！」她再度續緣加入慈濟，希望一切否極泰來。但萬萬沒想到，平安順遂走過兩年後，一連串的無情打擊接踵而至，讓她哭到眼睛中風，右眼出血……

一九九八年，先是從事導遊工作的女婿，嘴巴經常破皮，這天趁著帶團出國前，去醫院做切片檢查，一週後，醫生宣判是口腔癌。陳淑子不明白，女婿生活正常，也不抽菸、不喝酒，怎麼會這樣？醫治將近一年，花了好幾百萬，最後還是敵不過病魔的摧殘，留下三個稚幼的孩子。

傷痛猶未撫平，三十四歲的大兒子，隔年突然高燒不退，陳淑子叮囑他去就醫，可是他說：「不用，我身體很健康。」勸不過兒子，她只好到樓下西藥房買成藥給他吃，但燒仍是未退，兒子只好到附近小診所求診，當下醫生就建議他到大醫院檢查。經過一系列檢查後，被宣判罹患肝癌末期，一個多月後就撒手人寰。

晴天霹靂，激起驚濤駭浪，接連的打擊讓陳淑子完全無力招架，想不到無常如魔咒般，緊咬著她不放。四個多月後，驟然傳來小兒子從樓上摔下來意外往生的消息，她含淚無語問蒼天，自此如被繩索綑綁，每天將自己困在黑暗的家中，日日以淚洗面，甚至憂鬱症、自殺也伴隨而來。

看見藍天　歡喜付出得重生

由於血壓站的因緣，陳淑子再度與慈濟結緣。這天風和日麗，天清氣爽，她接到志工廖寶蓮通知參加告別式的邀約電話，讓她燃起重生的希望。

走進慈濟當志工，陳淑子開心地穿著灰衣白褲的志工服，雖然腳傷行動稍有不便，但無論社區的助念、香積、環保與募款等大小活動，只要一接到通知，她就馬上付出行動，慢慢地，她內心的傷痛漸漸被撫平，不再過著以淚洗面、暗無天日的日子。

隔年，甫參加委員培訓的陳淑子，心慌地想要放棄，「好像只有我一頭白髮，其他志工都是黑頭髮，怎麼好意思參加培訓？」

「妳才六十多歲，我們參加培訓的志工，還有七、八十歲的。」志工正向鼓勵，她才鼓足信心繼續培訓，於二〇〇五年順利受證慈濟委員，承擔起榮家關懷幹事，每隔兩週定期前往關懷。

「伯伯，看你最近又瘦了，要多吃些營養的東西喔！怎麼不躺著休息？」固定來到榮家關懷的陳淑子，一句句眞心的關懷及親切的問候，常常讓老人家引頸企盼，茫然的眼神有了光采。

「我就知道這個時間妳會來，所以特地坐著等妳……」擅長唱歌、按摩及講笑話的陳淑子，早已跟榮民伯伯培養出如家人般的感情；當聽到伯伯這麼一說，她鼻頭一酸，

二〇一〇年二月二十七日，桃園慈濟志工在慈文國中禮堂舉辦社區迎新福感恩茶會，陳淑子（前排左二）開心地與志工們一起表演〈呷菜尚蓋讚〉。（攝影：唐崇文）

淚水在眼眶裡打轉。

陳淑子在投入榮家關懷中，找到重生的力量，體悟到無所求的付出，其實收穫最多的是自己，她進一步承擔起精進幹事一職。

有一次，陳淑子參加告別式，看見有一位委員身穿旗袍，圍著一條圍裙騎機車，她感到有些危險，而且不是很雅觀。從此，她便貼心地安排菩薩車及乘車的路線，好讓大家能方便一起共乘。

「菩薩，星期日有一場告別式，妳可以去參加嗎？」

「可以。」

二〇〇八年五月二十三日，川緬賑災募款活動，陳淑子在居住的孔雀皇朝社區舉辦祈禱募心晚會。圖爲陳淑子手捧募款箱募款的情景。（攝影：古繼紅）

「那我車子安排好，再告訴妳搭車的時間和地點。」貼心的陳淑子，總是用心地安排，爲參與者安排交通接送的行程，等出發前一天，還會再打電話提醒，如此用心與細心的善舉，獲得大家一致的讚歎。

「南無阿彌陀佛——」告別式上，虔誠唱誦〈大愛無邊〉佛號，她總是站在最前面，因爲她的聲音與帶領的志工張慶祥聲音合齊且宏亮，有時張慶祥沒空時，她也會幫忙帶領。

態度積極，樂於配合，做事細心又很有耐心的陳淑子，也投入環保，從每月一次的環保日開始做分類，當社區有環保點時，她幾乎天天到環保站報到，「這是爲了下一代，也是爲了地球，再忙也要抽出時間來做。」她總是時不時地叮嚀自己。

心靈的家　讓愛一直都在

「叩叩——叩叩——」鐵鎚、螺絲起子、剪刀等工具整齊擺在餐桌上，陳淑子坐在餐桌前，動作熟練地拿著鐵鎚敲打錄影帶內的白色小圓殼，發出節奏的打擊聲響。二〇〇七年冬天的某個早晨，天氣很冷，還下著濛濛細雨，陳淑子穿著輕便雨衣，騎著機車來到桃園中埔五街環保點做環保，與大家一起做分類，拆錄音帶、錄影帶，現場沒拆完的，她便帶回家繼續拆，「在家無聊，這樣我可以一邊做好事，一邊看大愛臺。」她內心篤定地想。

隔年三月，寶慶環保站啟用，陳淑子很開心，社區終於有一個固定的環保站了。這天，負責簽到的陳淑子，發現有位志工已經連續兩三天沒來報到，她馬上去電關心。一旁的志工呂淑琴看到，滿是感佩她的用心，不禁回想起四、五年前，初次與陳淑子見面的情景……

那是一個炎熱的午後，大家相約來到往生者家中助念，呂淑琴看著微胖的陳淑子穿著灰色的

二〇〇九年八月二十九日爲環保日，陳淑子在桃園寶慶環保站做環保。（攝影：何富賢）

志工服，腳一跛一跛地跟著大家爬樓梯，額頭上冒出豆大的汗珠，她心中暗想：「這應該是一位很發心的志工。」

而今，已受證且勇猛精進的陳淑子，與志工們打成一片，做環保時，還不忘利用時間關懷志工，與之話家常，志工們都暱稱她爲「淑子媽」。陳淑子這一路來的用心，呂淑琴都看在眼裡。

「我對自己的第一項要求，就是眼睛生得剛剛好就好，太高、太低都不行，你們看上人眼睛長得最漂亮，看人都不分人種、不分種族、不分身分，有苦難的人就救。」這天，陳淑子與幾位志工分享自己的心得，並提醒大家「慈濟四神湯」——包容、知足、感恩及善解，要時時記得喝……

「包容，就是要往好的地方去想，自然就會沒事。知足，是身體健康就要趕快做。感恩，那是早上起來有呼吸就要感恩。善解，就是一句話如果打三十六個角，角角傷

二〇二〇年四月二十一日，桃園慈濟志工至陳淑子（右）家中做「法親關懷」。（攝影：郭林淑芬）

人，假如轉個彎去善解，句句是好話。」陳淑子與志工互動良好，經常與大家互勉，「太慢進來了，要趕快做起來囤，不要做來抵。」

「媽媽，我以前很怕接到妳的電話，擔心妳一個人住，自從妳加入慈濟志工，要找妳都很困難了，見個面都還要預約。」一路看著母親的人生，從黑白轉變爲彩色，女兒撒嬌地說道。

然而，隨著年齡老邁，陳淑子的身體每況愈下，但她仍然每天拄著助行器，一步一步緩慢地到環保站做環保。二〇一九年的下半年，已經八十歲的她，視力只剩零點零八，車子遠遠過來她都看不到，加上身體嚴重退化，肩膀兩邊的筋都斷了，時常疼痛得無法舉高，小腿骨因早期開刀的後遺症，走起路來倍加吃力。因此只得在家休養，準備開刀。還好女兒經常回來陪伴，法親呂昭枝更是幾乎天天前往關懷，讓她備感溫暖。

二〇二〇年十月三日這天下午，秋天的陽光，暖暖地，如麵包出爐不久後的微溫，靜思精舍德念、德杰兩位師父，在精進日前夕，來到陳淑子家中關懷。德念師父代表上人，贈送一條觀音菩薩像的項鍊及淨斯產品，祝福陳淑子腿部開刀順利，早日重返環保站。「開刀後，我要繼續回到環保站。」接受到上人的祝福，陳淑子雙眉笑得如彎月一樣。

晚年，鶴髮蒼蒼的陳淑子，慶幸在慈濟世界找到心靈的家，一個眞正屬於自己安身立命的家。她雲淡風輕地笑看自己過去的坎坷：「前世因，今世果，一切都是命，就當作是消舊業吧！」

榕樹下的種子——張美淑的故事

文◎蔡白球

張美淑小時候常聽母親向他人說她醜，彼時自卑感已在內心滋長；直到進入慈濟，她才了悟一切人事物皆不長久的道理。圖爲張美淑於桃園藝文中心參加浴佛的情景。（圖片提供：張美淑）

【張美淑小檔案】

一九五七年生於屏東縣九如鄉，國小畢業。手足共五個姊妹，六歲喪母。家中一甲多的田地，農忙時全家人都必須投入耕種，因此養成認命的人生觀。從小即有想出家的念頭，經過三十多年的尋覓，終於找到生命的寄託。一九九九年受證慈濟委員，法號明蔚。

「阮阿淑長這麼醜，連電動車（編按：現在的客運）都不讓我們坐，以後怎麼嫁得出去？」張美淑眼皮發炎潰爛，母親心疼女兒，擔心別人指指點點，所以先自我解嘲，免得尷尬。

美淑兩歲時，常常聽到母親與鄰居閒聊，都會不經意地提起她，每每看到鏡中的自己，也就相信自己眞的長得醜了。爲了避開母親及親友的目光，她總是往幽暗的角落裡躲藏，內心慢慢滋長著自卑，說話不敢大聲，凡事逆來順受，沒有人知道隱藏在更深處的她。

母親四十歲病故，父親沒有再娶。一甲多的田地需要人力耕作，只得全家人合力投入。失恃的孩子沒有悲傷的權利，大姊凡事逆來順受，有苦總是往內吞，十四歲就扛起家裡的責任，三姊個性精明能幹，二姊雖長得美，但個性剛強，國小五年級就輟學，和姊妹們一起務農。

那一年，美淑才六歲，認分地擔起照顧兩歲的妹妹，餵妹妹吃飯時，常常餵著餵著自己就睡著了；猛然一醒，忘了自己的肚子還空著，就急忙背起妹妹到田裡拔草。美淑知道，只要自己多做一點，父親和姊姊們就不會那麼累。母親不在了，姊妹們互相依靠，彼此的感情也更加綿密。

年紀大的姊姊們負責播種，十歲的美淑沒去上學時就在家幫忙煮飯；煮飯要生灶火，需先取得火種，她捆綁豆梗時，沒有手套可戴，常常刺得雙手流血。美淑用心控制火候，煮出來的米飯，粒粒分明，鬆軟香Q，看到家人吃得很滿足，自己也很有成就感。

遇到下雨天，姊姊們就很開心，因爲可以不必去田裡工作，而美淑聽著屋簷淅淅瀝瀝的雨聲，總是開心地披著雨衣往田裡去，和植物一起進行一場天然淋浴。她知道蔬菜有雨水滋潤將會長得更鮮綠，土質鬆軟，雜草也更好拔。這時美淑的心靈總是格外地清新與幽靜，她幻想著：「如果可以找一個安靜的地方，讓自己能夠專心做自己想做的事，不知有多麼美好！」

守舊觀念　夢醒心碎

美淑向來喜歡讀書，成績一直很好，小學畢業，即將升上國中那年，和父親交情不錯的一位鄰居叔叔，常常看到文靜、乖巧的美淑從門口走過，非常中意，心裡暗暗認定，她就是未來他們家的媳婦，於是積極地往張家走動，誘導美淑的父親：「千萬別讓她升學，這樣她才會留在家鄉耕農。」另一方面，屏東九如國中的校長請老師到家裡拜訪，答應幫忙支付學雜費；但是田裡需要人力，家裡需要錢，父親自然不肯點頭。

美淑極力補綴即將破碎的夢網，不甘願就此放棄，哭著跪求：「阿爸，你先給我讀書，我還是會賺錢給你。」

「姊姊們都讀到小學而已，這樣說不過去，女生讀那麼多書做什麼！」父親一句話撕破了美淑的夢網，也敲碎了她的心。認分的美淑只好去田裡幫忙農活；但她的內心非常矛盾，一方面同理父親的難處，一方面卻產生了怨懟。

大姊了解美淑的苦楚，每當批水果到市場販售，最後剩下一些賣相不好的水果，她就全數送給美淑，讓妹妹便宜叫賣，所賺的就當她的零用錢。日積月累，美淑漸漸攢下一筆錢的同時，也一步步將內心的不滿化爲行動——遠離父親。那年她十五歲，白天忙完農事，晚上便去學做裁縫，爲了讓自己工夫更純熟，十七歲離家到屏東市的西裝店當半學徒，二十歲時，到更遠的高雄學做女裝。

一九七七年賽洛瑪颱風侵襲南臺灣，造成嚴重災情。有一天，她在女裝店上班時，一位正在報紙上打衣版的同事，忽然指著手上的報紙，大聲告訴大家慈濟街頭募款的新聞：「有一位師父說，五毛錢也可以救人耶！」

當時，美淑心裡想：「如果可以找到那位師父，我要跟著她出家，和她一起救人！」

一九八六年，美淑在女裝店做裁縫，郭新發在樓下幫屋主裝潢屋子，中午大家一起用餐時，新發看到說話溫柔的美淑，心生歡喜，於是展開追求。兩年後，兩人在桃園結婚並定居，婚後育有四名子女。彼此生活上意見不和時，新發總是先退讓一步。有一天，見美淑生氣，新發忍不住拜託她不要生氣，說出心裡的話：「我的人生都是跟著妳的情緒走，看妳高興，我就高興；看妳心情不好，我的心情也跟著低落。」這些話有如彩霞一般，霎時抹去了美淑心中的陰霾。

覓得師父　實踐理想

一天，三十六歲的美淑帶著孩子去看醫生，認識了在耳鼻喉科診所擔任護士的慈濟委員廖美霞。美霞看美淑溫柔、和善的樣子，就邀約她：「要不要一起做善事？」美淑看到桌面上的一個竹筒，上面寫著「五毛錢可以救人」，心想「這位護士應該可以打聽到那位師父的消息」，於是娓娓道來十年前同事提及的慈濟街頭募款的新聞。

美霞聽完美淑的敘述後說：「妳要找的師父，應該就是我的師父。」美霞仔細地敘述證嚴上人濟貧教富的點點滴滴。美淑聽後，止不住內心的激動，抓著美霞的臂膀興奮地說：「找尋了十多年的師父終於找到了！」從此，她開始向美霞學習勸募。

隔年，在美霞的邀約下，她參加了慈濟的「歲末祝福感恩會」；當天看到上人戴著口罩，站在臺上發紅包及開示；一個多小時後，上人下臺的腳步似乎不太穩，還不時摀著口罩咳嗽，看到這情景，美淑心裡非常感動：「師父自己身體不好，心裡卻只有天下蒼生。」她心中暗許：「這是一位偉大的師父，我要接受培訓，受證當委員，才能當師父的另一隻眼和手！」

一九九六年，面貌姣好的二姊才四十五歲，就罹患直腸癌往生，在她受病苦折磨的期間，整個臉型都變了樣。悲傷之餘，美淑恍然大悟：「原來長得美與醜並不是最重要的，而所謂的美也不一定長久！」自小隱藏在內心的自卑感頓時煙消雲散。

同年，大姊罹患了尿毒症，在醫院昏迷了兩、三天。當時人在桃園的美淑，急得如熱鍋上的螞蟻，很想衝去醫院探望大姊，無奈孩子幼小，無法前往探視，只能在廚房邊煮菜邊掉淚；淚眼迷濛中，她突然想到上人的法語：「要發好願，做好事；願有多大，力就有多大。」於是，她趕緊合掌發願：「佛陀啊！若能讓大姊醒來，我願意終身行善！」

當晚半夜四點多，好不容易才剛剛睡著的美淑，被客廳傳來的電話響聲驚醒，心中閃過一絲不祥的預感，手腳不聽使喚地顫抖著，好不容易跌跌撞撞地走到客廳，接起電話，電話彼端的三姊激動地說：「姊姊醒過來了！」美淑懸著的一顆心瞬間鬆解，控制不住地放聲大哭，心裡不停地感謝佛菩薩的同時，再發願：「三年內，我一定要受證成爲慈濟委員，行善當志工。」

一九九九年，四十二歲的美淑如願受證慈濟委員。這年大姊五十歲，因洗腎感染，不幸往生。接連幾年，郭新發的三位姊姊也相繼離開人間，這讓美淑更加體悟到生命的無常，「爲什麼生命如此無常？我最愛的親人一個個離我而去。」美淑收拾起悲傷的情緒，警惕自己要好好把握任何做好事的機會，「我已經四十多歲了，萬一我像大姊、二姊一樣的年紀就走了，那不就什麼也沒做到？我要趕快做才是。」

親人相繼離世，讓張美淑體悟到生命無常，警惕自己要把握機會做慈濟。圖爲二〇一一年六月十八日張美淑與志工參與《慈悲三昧水懺》經藏演繹排練。（攝影：李奕萍）

走過人生的風雨，張美淑不再自卑，不再怨懟，明白一切歷練都是成長的資糧。圖爲張美淑（右二）於桃園八德區承擔香積勤務與團隊合影。（圖片提供：張美淑）

有一天，美淑看到大愛臺播放的影片，內容是罹患水腦症併多重畸型的菲律賓男童傑博來臺灣慈濟醫院治療的經過。美淑看得格外仔細，「這個孩子眼睛在哪裡？鼻子呢？」美淑想到長久以來，「醜」帶給她的陰影，「至少我的眼睛還很明顯，鼻子也看得到啊！」爲了破除自己的自卑感，美淑當起孩子學校的「導護媽媽」，勇敢地站在路口，面對人來人往的人潮，她面帶微笑，親切地向每一位小朋友打招呼。

世間無常　願力堅定

二〇〇九年元旦，全家人在客廳聊天，新發很開心地告訴美淑：「這期的薪水我會拿五千元給妳買新衣服，妳還缺什麼嗎？」

「哦！」美淑簡單地應了一聲，心中卻納悶著：「一向節儉的先生今天心情怎麼那麼好？結婚二十多年，也不曾帶家人出遠門旅行。」

新發接著說：「過年我們全家帶著棉被去環島一個月，好嗎？我們就睡在車上，這樣可以省錢，又可以免去找旅館的麻煩，這是我藏在心中多年的願望。」夫妻倆忙著賺錢，確實很少有時間帶孩子出門，更別說全家一起遠遊。

這幸福似乎來得太快、太急，讓美淑有些措手不及！

一月五日下午，美淑去接孩子放學的途中，手機鈴聲響起，是先生的老闆來電：「新發不小心從梯子跌下來，請妳盡速到醫院……」

放下電話，美淑頭一陣昏眩，口中卻唸唸有詞：「怎麼會這樣？怎麼會這樣？……」趕緊將孩子送回家後，便直奔醫院急診室，看到身上插著管子的新發，不禁噙著眼淚，焦急地喊道：「新發，新發，我是美淑啦！你醒醒啊！」

美淑憂心如焚地瞅著昏迷的新發，六神無主地喃喃自語：「早上還好好的一個人出門，怎麼會變成這樣……」

一月十一日，新發走了！原本就不多話的美淑，更是不發一語，沒有放聲痛哭，甚至沒有淚水，只是向陸續到家裡關懷、助念的志工們點頭致意。直到晚上，送走了最後一批助念的法親，她關起大門，獨自進到房間，才忍不住地盡情啜泣，不知道過了多久，她擦乾眼淚告訴自己：「菩薩帶走他，一定有他的因緣。」

失去丈夫的美淑，就像失了魂魄似地，無心理家，更不願跨出家門一步。直到有一天，發現家裡的日用品全都用完了，只好硬著頭皮騎摩托車出門採購。在櫃檯結帳時，她忽然悲從中來，「以前的家庭開銷全是新發賺的，從今以後，我得自己扛起這重擔了嗎？」她茫然地付完帳，走出賣場，竟然不認得回家的路了。折騰了大半天，才回到家裡，從那天起，她再也不敢出門了。

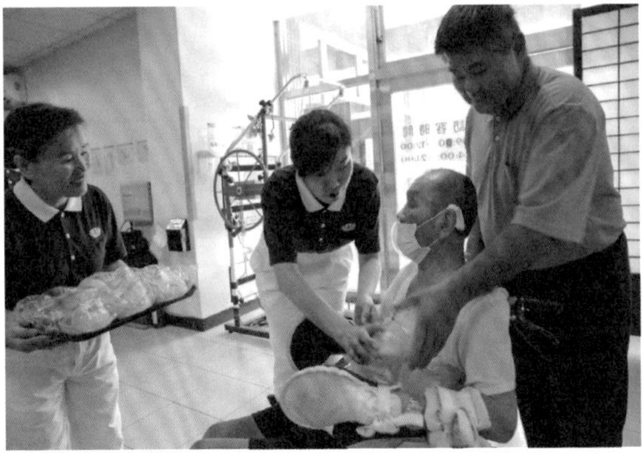

張美淑（左一）從付出中體會到人與人的溝通可以像水一樣柔順，只要以溫柔的態度面對，便能通達到對方的內心。圖為張美淑與志工至桃園同安老人長期照顧中心關懷長者。（圖片提供：張美淑）

受到證嚴上人的大愛精神所感召，張美淑發願要當上人的另一隻眼和手。圖爲二〇〇八年五月十八日，張美淑（右一）與志工捧著愛心箱，上街頭爲四川地震與緬甸風災募款的情景。（攝影：呂建安）

不敢出門的美淑，在家裡看大愛電視臺。有一天，看到一個天眞可愛的三歲小朋友向上人拜年，美淑若有所悟，「這個可愛的小朋友，前輩子應該是別人的最愛，而這輩子，最愛她的人應該換成另一個人了；新發應該也是去當別人的最愛了吧！」

一位常找美淑修改衣服的婦人，聞知情況，趕來安慰她：「我們有幾位好姊妹已經說好了，你和四個孩子的學費、生活費，算一算每個月應該要五、六萬元，我們都會幫忙，直到他們大學畢業，妳都不用擔心。」一向獨立的美淑雖然沒有接受援助，但是這些話如一股暖流，讓她心暖洋洋的，也讓她更有力量扛起家裡的重擔。

那天起，她重新調整一兩個月來混亂、哀傷的情緒，開始和志工曾木求到菜園種菜，也投入志工的勤務，透過友人的介紹，找到一份穩定收入的工作，讓自己慢慢回歸如常軌道。

有一次，參與溫州公園量血壓的活動時，看到滿地被風吹落的一粒粒榕樹種子，不覺抬頭望著大榕樹，想起上了年紀的上人，爲佛教、爲眾生，每天勞心勞力，唯有更多人進來慈濟幫助上人，才能減輕上人肩上的重擔。「眞希望大家都能成爲一棵『會結果的大樹』，以後就有更多種子，更多大樹協助上人。」想到這裡，美淑決定要努力勸募、陪伴志工。

晚餐過後，出現在公園的美淑，已不再是形單影隻。爲了邀約更多的人間菩薩，美淑用心「走進」每個會員的心裡，只要他們有困惑，就會邀約他們來公園散步，聊聊心事，誠摯關懷他們。漸漸地，美淑不只是他人情緒的垃圾桶，偶爾也充當婚姻顧問或育兒專家呢！

「君子如水，隨方就圓」喜歡詩詞的美淑，對這一句靜思語特別有感受。小時候喜歡水，喜歡下雨，她覺得，人與人的溝通可以像水一樣柔順，即使對方的個性彎曲，只要透過溫柔的態度，也能通達到他的內心。有了上人的法語滋潤，讓她更加體悟到人可以沒有電，卻不能沒有水，水可以洗滌一切，心有苦、有怨，法水能淨化、滋潤內心；心不愉快就像雜質，心清淨就像水一樣，就能善解，走到哪裡都自在。

不再自卑，不再怨懟，走過了風雨，歷經了霜雪，張美淑所歷練的一切都是她成長的資糧。她勉勵自己，希望能像水一樣，普潤每一個人的心田；也期許自己像大榕樹般，生出無量的種子，讓上人具足無數的「千手千眼」去救度眾生。

二〇二〇年八月十六日，桃園區長者憶當年溫馨茶會活動，陳鳳英擔任主持人。（攝影：黃盛木）

從苦轉歡喜——陳鳳英的故事

文◎李美儒

【陳鳳英小檔案】

一九六四年生，板橋市（今新北市板橋區）人。二〇〇一年受證，法號明速。年輕時為了男友，負氣離家出走，父親為了找她，不幸發生車禍，從此癱瘓臥床。婚後，背負先生長達二十年的賭債。雖然人生遭遇一連串的考驗，並沒有被擊倒，反而在兒女及慈濟人的支持下，走出精彩而踏實的人生。

「這一條街沒人離婚，只有我的兒子離婚，如果妳再離婚，人家會說我不會教孩子……」那夜，電話那頭，傳來娘家媽媽近乎哀求的聲音。

「我的苦妳不知道……」陳鳳英歇斯底里地哭號。

「女人家再苦，咬著牙撐一下就過，妳再忍耐一下。」媽媽一臉糾結，雙眉下垂地拜託。

回想起以前的叛逆，對父母親的不孝，瀕臨崩潰的陳鳳英，立即噙住淚水，深吸一口氣，想要打起精神安慰母親；但心頭宛如被水嗆到，幾乎要窒息，聲音微弱地擠出一句：「好啦！我知道了……」

病苦相隨

一九六五年，不過兩歲的陳鳳英得了一場怪病，整天躺在床上，不能喝牛奶，只能喝點稀釋的粥。她的模樣就如同臺灣兒歌〈排骨仔隊〉的歌詞：「胸崁若樓梯，腹肚若水櫃……」奶奶當時爲了救她，不辭辛苦，一路從板橋揹著她，徒步走到臺北市的大醫院去看醫生。

看了幾次後，醫生對奶奶說：「這孩子救不起來！」

原本還存著希望的奶奶，心情一下宕到谷底。回家路上，奶奶揹著陳鳳英，步履蹣跚，神情沮喪。一位江湖郎中見狀，趨前問明原委，就請奶奶找個時間，到他在三重開設的草藥店抓藥。爲了救活孫女，奶奶只能姑且一試，隔沒幾天，就去抓了一帖三十元的草藥熬煮給她喝。想不到奇蹟出現，陳鳳英的怪病竟然痊癒了；只不過，她到了三歲半才會走路，五歲多才能開口說話。

上了小學，父母親出外工作，身爲長孫女的陳鳳英，就得幫忙奶奶做家事。每天下課第一件事，她就要先挑水，再到附近染布廠撿木炭回家起灶生火，聽見外頭傳來弟妹和鄰居小朋友玩耍的嬉戲聲，她總會抱怨，「爲什麼大我半歲的小姑姑都不用做事情，我卻要做那麼多……」雖然嘴上絮絮叨叨，但她還是會把該做的事做好。

一九八四年，陳鳳英二十歲，經朋友介紹，認識了一位在軍中掌廚的男生。交往兩年多，男友因脊椎長水泡住院開刀，沒想到卻造成下半身癱瘓。「妳來我家住，幫我照顧他，好不好？」男友的母親，早已認定陳鳳英是未來的媳婦，於是大膽提出要求。

無常說到就到，毫無心理準備的陳鳳英悲慟不已，面對男友母親的請求，她很想當下點頭應允，但她心裡明白，找不到正當的理由說服父母親。那個夜晚，躺在床上的她無法闔眼，深陷在漫長無助的深夜裡。隔天，父親見她晚起，就叨唸她怎麼可以把全部家事都丟給奶奶一個人做；情緒正找不到出口的她，一氣之下，就偷偷搬到男友家住。

這一住就是兩年，而且完全沒有與家人聯繫。就在中秋節的前兩天，適逢連續假日，天空下著傾盆大雨，釀成高速公路南坎路段，發生重大的連環車禍，有二十幾部車輛追撞在一起，造成多人傷亡，其中陳鳳英的父親也在其中……

磨難接踵

「妳爸爸不是在開『中興號』客車嗎？要不要看一下？」男友的母親邊看新聞邊關心地問。

「哪有可能？我奶奶長年拜佛，不可能會發生的！」她一臉自信說道。

隔天一大早，陳鳳英精神愉悅地去爬山運動，返家後即帶著報紙上廁所，「中興號駕駛員，板橋人、今年四十四歲……」父親斗大的名字突然晾在眼前，她心跳加速，順手把報紙一丟，拉起褲腰，衝出去撥電話回家。

「妳是死到哪裡去了？妳爸爸爲了妳，腳都沒有了！」電話一接通，奶奶聽出是最疼愛的孫女，第一句話就氣沖沖地劈頭罵道。

自知闖了大禍，她急忙掛下電話，叫了計程車，一路嚎啕痛哭回到家。看到既熟悉又陌生的家，她當場雙腳無力，「叩」一聲，重重地跪在門口，心痛如刀割地哭著爬進去。奶奶見狀，狠下心來，將她擋在門外，任憑陳鳳英不斷地苦苦哀求，硬是不肯讓她進去，拉扯近一個小時，奶奶終於心軟放手，她才得以進了家門。

祖孫倆從家裡趕到醫院，住在加護病房的父親正與死神拔河。

「因爲妳的不孝，影響到妳爸爸的氣數，如果妳想贖罪，最好的辦法就是到寺裡去許個願，挽救妳爸爸的生命。」奶奶告訴陳鳳英一個贖罪的方法。

「好！我願意！」悲慟欲絕的陳鳳英，斬釘截鐵地回答。

隔天，清晨五點多，天色微亮，一夜難眠的陳鳳英和奶奶，匆匆搭上計程車趕往臺北木柵指南宮。莊嚴佛像，矗立眼前，她誠心發願：「菩薩，只要爸爸能脫離險境，我願意初一、十五整天茹素，回報父母恩。」晚上七點多，她再趕到醫院，醫生告訴她，爸爸肺積水退了，當下她臉上露出欣慰的笑容，「可能是自己的誠心發願，感動了菩薩。」

在醫院治療一段時間後，父親康復返家，但正值壯年的他，無法接受失去一隻腳的事實，常常對著下班後的陳鳳英亂發脾氣。陳鳳英明白，父親這些年是爲了尋找她，特地向公司請調，從臺北調到臺中，才會發生車禍，所以，對於父親的刁難，她也就強忍著。

爲了全家和諧，母親全看在眼裡，於是催促陳鳳英，若有好對象就趕緊嫁了，但唯一的條件是，不要她嫁給像父親一樣的殘障人士。怕違背母親的意思，她後來選擇之前陪同男友在三軍總醫院做復健時，隔壁床一位常陪中風的哥哥做復健的先生。

婚後，二十五歲的陳鳳英對未來充滿憧憬，但萬萬沒想到，上天卻出了另一道難題給她。

先生沒有責任感，又常喝酒、賭博，陳鳳英失望至極，動不動就與他爭吵。一天，爲了錢的事，她與先生吵得特別兇猛，決心要搬出去，衝進房間拿出行李箱，衣服隨手一抓就往裡塞，淚水不聽使喚地滑過臉頰。先生看她情緒崩潰，自知理虧，趕緊叫醒熟睡中的一對兒女，試圖挽留她。禁不起兒女的聲聲呼喚，心一軟，便又留了下來。

一九九四年，陳鳳英又懷有身孕。一次產檢，醫生發現孩子已胎死腹中，約莫一個月，要她做詳細檢查，以找出胎死腹中的原因。結果檢查出來是罹患紅斑性狼瘡，她感到很錯愕，但也配合醫生做積極的治療。

還債消業

半年後，身體康復的陳鳳英開始幫老闆護持的道場募款。有一天，向朋友募款時，朋友卻告訴她，已是慈濟的會員，不需要了。一聽到「慈濟」兩個字，陳鳳英心中爲之一震，曾經是慈濟會員的她，趕緊詢問如何重新加入。

陳鳳英把握這次因緣，加入「慈濟兒童精進班」，承擔班媽媽一職。她不斷吸收證嚴上人的法，並從其他志工的分享中，慢慢學會放下煩惱，增長智慧。從此，她找到正確的人生方向，她感恩慈濟，因此向菩薩發願：「等孩子大一點，我一定要出來當慈濟委員。」

一九九八年，資深志工呂慧芳鼓勵陳鳳英要趕快參加培訓，「你們這些傻弟子，師父說來不及了，要趕快出來幫忙承擔。」這句話，她放在心裡了。

隔年，她果眞鼓起勇氣報名見習培訓委員。二〇〇一年受證後不久，行動不便的

二〇一二年四月十四日，陳鳳英與志工搭乘慈濟列車回靜思精舍巡禮，圖爲衆人與常住師父親切互動的情景。（攝影：李奕萍）

大伯來她家養病，因沒有輪椅，須拖著椅子行動，結果吵到樓下安寧，她只好帶著笑臉賠不是，並耐著性子與先生溝通，卻因不得要領，又與先生鬧翻。負氣之下，對著上人法像說：「上人，爲了要自救，我要選擇離開。」

離婚意堅，陳鳳英積極在外找房子。先生這時緊張地到處找人說情，最後竟把岳母請出來。母親一出面，做女兒的就沒轍了，只好當作還債消業，繼續勉強維持這段婚姻。

多年過去，陳鳳英賺的錢都是一邊幫先生還卡債，一邊還房貸，家裡費用則由就讀技術學院的小兒子，利用課餘時間打工至晚上十一點半來維持。每個月兩萬元，兒子原封不動交給她，這令陳鳳英相當心疼與不捨，心中打定主意：「揹債很辛苦，我不願兒子認為自己所賺的錢，都在幫爸爸還債，我要把兒子的薪水袋都保留下來，等債務還清時，再將我賺的錢存到孩子戶頭，全數還給他。」

時間飛逝，一晃，受證二十年了，陳鳳英以前看到先生的種種不是，譬如：先生酒後會摔她的東西，家裡常常是滿目瘡痍，讓她不敢請朋友或慈濟人到家裡來。因此，陳鳳英會叨唸個不停，先生就會說她是潑婦罵街。後來，他若是再叨唸她，她就笑笑不回應，家庭氣氛自然就和諧多了。一路成長，她漸漸懂得欣賞別人的優點，善解別人的缺點，如此大的改變，要從剛受證時說起……

「妳要外語隊還是慈育組？」組長帶著祈求的眼神問陳鳳英。

她楞怔怔看著對方，怯怯地脫口而出：「我都不會……」

「沒關係！學了就會。」組長認定她了。

受證後三個月，剛好遇到組隊擴編，極需要一批生力軍承擔眾多事務，自知外語能力很弱，她最後接了慈育組（人文推廣）。她心想：「上人說，只要用心就是專業，既然勇於承擔，就要想辦法去了解這個功能組是在做什麼。」漸漸地，她知道自己的要務是尋找、接待分享者，承擔司儀的工作，並介紹靜思人文的書籍。

關關考驗 關關過

一轉眼，十年過去了。二〇一一年，陳鳳英轉換跑道，承擔同安和氣組長，剛開始她認爲，慈濟事就是簡單做，沒有什麼困難；然而，當眞正做了之後，她發現身爲一個組長要面面俱到，要關懷所有的組員，加上她對組的運作不是很清楚，面臨了前所未有的考驗，但這段期間也是她成長最快、最多的時日。

那年，歲末祝福，組內輪值做香積，陳鳳英一早到了廚房，跟大家一樣，戴上圍巾、穿上圍兜，然後就拿起鍋鏟準備要炒菜。這時，一位師姊看到，走過來挑毛揀刺地說，「妳只會拿麥克風，這不是妳拿鍋鏟的地方，妳出去！」她一聽如雷轟頂，嘴裡就像是吃了一口辣椒，辣得不知如何是好。

二〇一一年四月二十八日，《慈悲三昧水懺》經藏演繹，陳鳳英與團隊在桃園靜思堂練習。（攝影：黃盛木）

「當幹部，就是要跟組員站在一起，才會有參與感。」陳鳳英心念一轉，找到繼續往前的力量，臉上帶著笑容，輕言輕語地回答：「好，我不會煮，我來幫忙切菜。」

「就跟妳說了，妳是拿麥克風的，每樣都不會，怎麼可能會切菜？」這位師姊仍是咄咄逼人，極盡諷刺地說。

「不然，妳教我切。」她明白眼前的難題就是一種考驗，心裡篤定自己一定能過關，因爲身爲組長，就是要與組員通力合作，圓滿每一次的任務。這一次的經驗，讓她深深體悟到，自己雖然能言善道，但善緣結得不夠廣，愛的存款不夠多。

經過此一事件，大家都對她另眼相看。陳鳳英自主能力強，每當勤務一來，幾乎就有了腹案。有一天開會，她就把自己的腹案仔細報告完畢，接著就要大家照著她的規劃執行。此時，有位師兄像響起一個炸雷，「組長像妳這樣做，慈濟很快就不見了，因爲妳的態度太強勢，什麼都是妳說了算！」當下，她脹紅著臉，腦筋一片空白，突然有一種想哭的衝動。

回到家，她趴倒在枕頭上嚎啕痛哭，淚水浸濕了枕巾，「隊和組有什麼關係，隊只是人力配合，怎麼可以跟我衝這句話？」她感受到被汙辱，整夜輾轉難眠。隔天，帶著浮腫的雙眼，去請教幾位師姊，其中一位師姊吸了口氣說：「妳人很好，就是說話太快，沒有問人家好不好，一下子就打翻別人的意見，雖然妳有腹案，但是也要聽聽大家的想法……」

一句句蕩魂攝魄的眞實語，讓陳鳳英深刻反省自己的行事作風，當下她向師姊們懺悔，「我自認爲自己能力好，凡事以能力來做事，跟人家大小聲，理直氣壯，以後我要學會站在對方的立場來想事情，就像上人再三叮囑的，『理直氣要和』。」

做中學　學中覺

磨練五年多，陳鳳英自覺成長許多，漸漸學會不用脾氣來做事，看待事情的角度更爲寬廣，對待每一個人也比較有包容心。二〇一六年，她又換跑道再起飛，承擔合心組隊，這又是另一個階段的學習與磨練，她必須與團隊共識，將本會傳來的訊息全盤了解消化，讓全區動起來，並協助各和氣組隊長和合心各功能的運作，關懷面也寬廣了許多。

二〇二〇年八月十六日，桃園區長者憶當年溫馨茶會，陳鳳英頒發結緣品給七十歲以上的長者黃盛木。（攝影：鄭婷尹）

二〇一一年十月十八日，陳鳳英與志工們在桃園靜思堂製作福慧紅包。（攝影：彭達海）

就在隔年，二〇一七年，法脈宗門研習營由桃園區帶隊回花蓮承擔，陳鳳英承擔行政協調，這是一項大承擔，隨時要有接變化球的能耐與準備。這天，生活組要帶動線，因爲大家都不熟悉，仍以桃園的小模式運作，指導師父看出問題，便請她去協調。

知道問題點了，她心中早有腹案，連走帶跑的，氣喘吁吁地來到同心圓餐廳，一眼就找到生活組窗口，「妳找的菩薩都很優秀，但是我們面對的都是志業體同仁，可以請常到花蓮活動的志工來拉動線，一條動線兩個人帶，一個在前一個在後，妳覺得如何？」她面露微笑，一口氣把話說完。生活組窗口沒想到規模這麼大，像是找到救星，很快就答應了。

「做中學，學中覺」，陳鳳英心裡明白，處理人事要用智慧，不能用情緒，那是絕對處理不了任何事，這句話她常拿來惕勵自己，她慶幸自己有把握每一個薰法香的機會……

二〇一四年間，陳鳳英剛開始到靜思堂薰法香，她聽不太懂，所以早晨四點多有醒來就去，沒醒來就放棄，若有去也是呆坐在那兒，精神無法集中。二〇一五年，寶慶環保站啓動薰法香，她就近去聽。一天，她突然聽懂了，自然每天都歡喜地去學習，「原來學佛，是爲了自己的慧命而修，爲了自己的智慧而學」，她深刻領悟到。

「妳怎麼都不會做到意興闌珊，也不會起煩惱心？」一天，一位師姊滿是疑惑地問她。

二〇一二年六月十二日，　桃園同安地區連夜豪雨，茄苳溪溪水暴漲流向低地，多處淹水，慈濟志工一早便到低窪地區勘災。翌日，陳鳳英（右一）與志工持續關懷鄉親。（攝影：郭林淑芬）

陳鳳英告訴她，「要有正念，心就不容易偏，事情一來就做，凡事都是來讓我學習及成長智慧。用這樣的心念做慈濟，做得很快樂。」

「但是身體也會累吧！」師姊再問。

「身體會累，但心不累，所以睡一覺起來就又神清氣爽。」陳鳳英笑笑地輕描淡寫。

對陳鳳英而言，早期人生的苦，已轉化為歡喜行；行在菩薩道上二十年，她從來沒有退轉的問題，唯恐不夠精進，一路以單純、正向的心念，繼續勇往直前……

有個媽媽可以叫——陳東明的故事

文◎陳國麟

慈濟推動入經藏活動，陳東明在事業及照顧母親的雙重忙碌中，依然騰出時間參與經藏演繹練習。
（攝影：陳國麟）

【陳東明小檔案】

一九四七年生於桃園大溪。一九九四年受證為慈誠，法號惟曙。深刻體認到證嚴上人所說：「行善、行孝不能等。」長年侍奉已是植物人的老母親，只要走到母親床前，不苟言笑的臉，馬上如赤子般依偎在母親身旁。每每談及對母親的孝順，個性耿直、不善言詞的他，總是簡短地回答：「本分事！」

「喂，捷祥電器行嗎？我家冷氣不知道怎麼搞的？一直不冷，還會滴水。」

「哦，你哪裡？好，明天過去看看。下午？不行，我有事！」掛下電話，陳東明習慣地搖頭，嘴裡碎碎唸道：「跟你說不行，就是不行！」這通電話讓陳東明整個人煩躁了起來。

「老婆啊！我送洗的西裝回來了嗎？等一下吃過飯，要去參加一場告別式。」陳東明提高嗓門，對著正在廚房炒菜的老婆喊著，聲音遠遠越過排油煙機的嗡嗡作響。

每當事情無法順著預先的安排，陳東明的脾氣就顯得急躁，脖子上的青筋也特別地凸出。

陳東明原本留著西裝頭，不知從什麼時候開始，變成小平頭，搭配著那張不苟言笑的四方臉，加上高大挺直的身軀，每當對著別人講話時，從不東拉西扯，總是兩眼炯炯有神地望著對方，講話簡短扼要，不認識的人，還以爲他這個人「很衝」。

這也難怪，都已經六十二歲了，除了小平頭，兩鬢也有些斑白，臉上多了幾條刻劃明顯的皺紋外，鼻子兩側的法令紋更是清晰可見。陳東明習慣用那碩壯的背肌，扛起大臺冰箱，一個人一路從貨車上搬到客戶的廚房。儘管臉上青筋暴露，氣喘吁吁，老婆要他找個人幫忙，他總是不耐煩地說：「扛這種東西，多一個人，不好做事。」

陳東明從工作臺旁的茶几上，提起茶壺，倒了一杯早已冷掉的茶，咕嚕咕嚕地順著喉嚨直下，清涼的滋味沖去些許煩躁，也讓急性子的他逐漸冷靜。突然，陳東明拍了一下膝蓋，趕緊放下茶杯，轉身朝店內後頭急忙走去，一邊嘀咕著，「嗟——都是剛剛那通電話，害我差點忘了。」

嗨，老媽，今天還好吧！

店內後頭，原本是電器商品的倉庫，陳東明特地整理出來，放置一張單人床鋪。床鋪邊的小櫥櫃上，擺著一臺佛號機，重複播誦著：「南無阿彌陀佛——」

床鋪上躺著一位老太太，她穿著素色上衣，下半身搭配藍色不規則印花圖案的麻質七分褲，眼睛微閉，鼻子上固定著一條鼻胃管，兩頰因年紀大而顯得凹陷，露出鑲著銀色的假牙；和陳東明一樣，她也是一頭清爽

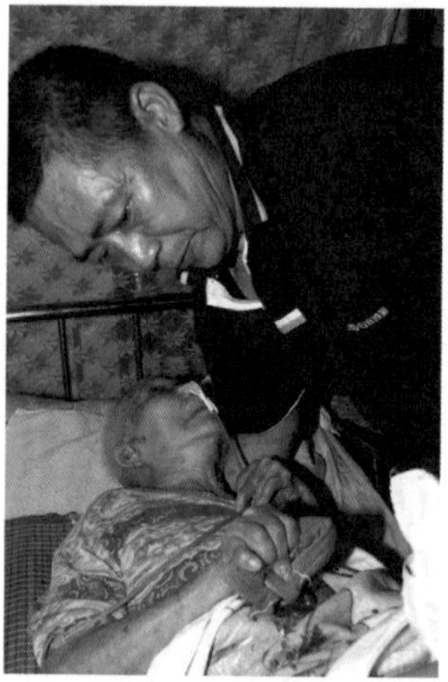

十幾年來，陳東明照顧已成植物人的母親，非但毫無怨言，更因爲「有個媽媽可以叫」，引以爲榮。
（攝影：陳國麟）

的五分頭。她的兩隻手因功能逐漸喪失而捲曲變形，兩隻腳也僵硬彎曲，在膝蓋中間，陳東明還特地放了一個用泡過的茶葉渣曬乾做成的抱枕，以防止膝蓋相互摩擦而產生破皮，淡淡的茶香讓房間內的空氣感覺較爲清爽。

她，是陳東明高齡九十八歲的母親，臥病在床，無法行動，也不能言語。當陳東明喚她時，她會睜著清澈的眼眸望著陳東明，就如同陳東明炯炯有神的眼睛一樣。

除了如此回應，陳東明的母親——什麼都無法做。

「嗨，老媽，今天還好吧！」陳東明向母親打聲招呼後，便在床沿上坐了下來，幫她按摩肩膀的同時，思緒也溜回了大溪老家……

「阿明啊！我生得下你，恐驚呷嘜到你了。」（臺語，意指恐怕沒有福氣活到由你來奉養）在陳東明讀高中時，母親不經意講的這句話，至今仍如影隨形地纏繞在他的腦海裡。

一九七一年，桃園大溪中庄的中寮島還是一處沙洲地，往來大溪鎮上都需要渡船。當時，父親陳臣禮住在這裡，因爲那些年颱風引起的水災，造成大漢溪水暴漲，家裡飽受淹水威脅，遂變賣田地，到八德大湳買了房子，於是舉家從大溪中庄遷到八德大湳。

陳東明是家中老么，結婚後在自家開了間電器行。那時候，陳東明的大哥家在板橋，是棟公寓的四樓，老人家在鄉下四合院住久了，住不慣公寓房子，自然跟著陳東明一起住。

「媽，也許，這就是上天的安排，我現在總算可以奉養您了。」對著躺在床上的母親，陳東明輕聲地說著，也不管她是否聽得懂；在母親面前，陳東明永遠像個聽話的學生，溫溫順順地。因爲母親在三十五歲那年，才大腹便便生下陳東明。

陳東明家在大溪中庄是個大家族，他們這一房的輩分較高。他又是母親那麼大歲數才生下的孩子，在家族中，和他同輩分的，個個都已經成年；大哥就足足大陳東明十五歲。小時候受到父母親及家族的寵愛，自不在話下。別人有的玩具，陳東明一定有；別人沒有的玩具，陳東明還是有。

「阿明，來，阿伯這裡有一顆氣球，汫，給你。」莊仔頭的阿烏伯嚷喊著，一隻手緊繞著氣球的線，深怕它飛走；另一隻手忙著招呼在玩伴堆中的陳東明過來。

「唷，好啦！」陳東明從一堆玩伴中跑過去，接過阿烏伯給的氣球，回頭一望，每個玩伴都仰著頭羨慕地看著，卻又紛紛地垂下頭去，歡笑聲頓時少了一大半。

「來啦！大家一起來玩氣球，不要這樣嘛！」陳東明很清楚，這次又是只有自己才有氣球。

這樣地備受寵愛，可陳東明並不因此而蠻橫霸道，反倒成爲一個乖乖聽話，不惹父母親操心的孩子。原來，陳東明有個脾氣暴躁出名的父親，早年受過日本教育，管教孩子相當嚴格，是一個標準的大男人主義者。

「我父親早期是桃園客運的司機，聽父親的同事說，公司內大家都很怕他，同事背後戲稱他爲『雷公』，因爲他個子高大，講話聲音又宏亮，個性又急，做事一板一眼。」和朋友聊天，陳東明總會提到父親的封號。在這樣的家庭中長大，舉止行爲、上課讀書，自然是戰戰兢兢。

年輕時，長得胖胖圓圓，個子不高的母親，雖然對左鄰右舍親切隨和，也從不和人家計較；對陳東明而言，卻是管他最嚴格的人，但也是最疼他，也對他的期望最高。

記得國小五年級時，因成績稍微退步到第五名；不但被罵，還硬被母親轉學到鶯歌——姊夫任教的國小就讀，以便就近嚴厲管教課業。

母親的雙手　怨忿搥打著地面

想著想著，陳東明不自覺地露出一絲微笑，正在幫母親拍背的手滑了下來，才從記憶中回神過來，趕緊輕輕地放下母親，調整一下枕頭的位置，好讓母親的頭舒服些。起身往浴室走去，拿起擱在浴缸旁的臉盆，盛了些溫水，準備幫母親擦擦手。

「媽，現在幫您擦手。」

母親依然張著雙眼看陳東明，清澈的眼珠子掩不住背後空洞的迷惑，似乎極力地想瞭解兒子在說些什麼？

陳東明凝望著，急切地想喚起她的記憶，「媽，我是阿明啦！您認得我嗎？認得我嗎……」陳東明頓時喉緊，無法言語。

他緩緩地挽起母親的手，將衣袖往上撩，露出纖細的手臂，皮膚因缺乏接觸陽光而顯得蒼白、脆弱，原本圓潤的手指變形彎曲。他慢慢地翻開母親的手掌，讓毛巾的溫度浸沁到母親的手心裡。

母親的雙手，曾經是那麼細膩溫暖地牽著他的小手，又曾經是那麼痛徹心扉，怨忿地搥打著地面……

六十二年前，大漢溪的溪水，還是一如往常平緩地流經大溪鎮。

「阿禮嫂啊！趕快，妳兒子阿賢掉到溪裡去了。」當時，正在大溪客運站旁的福利社，忙著整理雜貨的阿禮嫂，聽到外頭阿成叔急切地大聲呼喊，整個人霎時呆住了。

「阿賢剛剛不是還在附近和其他孩子一起玩嗎？怎麼會……」顧不得已經挺出的大孕肚，一隻手撐著腰部，一隻手捧著肚子，連奔帶跑地衝出去，腳底下一隻木屐的帶子因急烈地奔跑而撕裂，她卻絲毫不知，還沒來得及整理出頭緒，阿禮嫂的眼淚已不自主地一路隨著圓挺的身軀奔向溪邊。

溪床邊，陳東明的二哥靜靜地躺著，小小的身子被人用草蓆蓋住，只露出一雙小腳。母親跌坐在旁，被風吹散的頭髮，在她頭頂上相互糾纏，她的嘴唇發紫顫抖，臉上一片死白，就連聲嘶力竭的淒厲叫聲，也隨著時間一分一秒地在流逝中逐漸沙啞……最後只能聽到從魂魄傳出的微弱吶喊，布滿血絲的眼眶，淚水已經枯竭，唯獨那一根根散亂的髮絲，緊緊地黏在狼籍的淚痕上，她雙手不停地捶打著地面，是忿恨、是不捨，更是那分爲人母的自責。

原本常到左鄰右舍串門子的母親，變得足不出戶。在忙完家事後，就一個人坐在晦暗的屋角，兩眼呆滯地望著窗外，手上緊捏著兒子平常最喜歡戴的那頂帽沿綴著藍白相間的棒球帽，一句話也不說。

那時候，陳東明還在母親的肚子裡頭，一個半月後才出生。

到現在陳東明都還清楚地記得，小時候只要靠近溪邊玩耍，母親就像發了瘋一般，急奔出來，氣急敗壞地用手緊緊地拎著陳東明的耳朵，將他拖著回家。換來的是一連串的挨打、痛罵、罰跪，直到他發誓再也不敢去溪邊玩水，母親的怒氣才稍稍平息。

對老婆難以開口的肯定

扭開水龍頭，水淅瀝嘩啦地流著，在浴室裡重新換上一盆乾淨的溫水，正準備幫母親擦背，陳東明的太太林娟娟走了進來。

「嘞！妳幫媽媽擦擦背，我來準備媽媽要吃的午餐，等一下可以幫她餵食。」陳東明對著老婆說。

林娟娟接過先生手上的毛巾，在臉盆裡搓揉了幾下，擰乾後將婆婆扶起，輕柔地幫她擦拭。一切的動作看在陳東明眼裡，是那麼地熟稔親切。這樣的身影，讓陳東明想起剛認識的林娟娟。

「躼跤仔（臺語，形容高個子的意思），剛剛市場內賣衣服的那位阿桑來店裡說，家裡的電視最近常常有兩個影子，要我們去看看。下午，你安排過去幫她修一修。」林娟娟坐在店裡的辦公桌前，停止手邊正在整理的帳目，抬頭對著剛從外面進來，個頭高大的年輕人說話。

陳東明退伍後，就到這家位於桃園市區中華路上的聲寶電器服務站工作。林娟娟那時候是服務站裡的會計小姐，偶爾會下廚做一些點心，拿給站內的同仁品嚐。

從小陳東明都膩在父母的身旁，甚至到讀初中時，每天晚上還要黏著父母親一起睡覺。上班後，每逢放假，便回到家裡幫忙做些農活。他總認爲自己以後要娶的老婆，一定是要願意和父母親同住，而且不會和他們頂嘴的女孩。陳東明發現服務站的這位會計，做事勤快，和同事相處融洽；對於市場邊賣菜的阿婆或穿著較爲破舊的老人家，一來到服務站內買東西，她並不會像一般女孩子有種不屑的眼神，她都會一視同仁，親切地打招呼，噓寒問暖，而且臉上時時堆滿笑意。

「我這輩子，到目前爲止，做得最對的一件事，就是娶了娟娟當老婆。」陳東明總是這樣對他人炫耀自己的眼光，稱讚自己的老婆。的確，如果沒有林娟娟貼近公公婆婆的那分心及甘願地照顧兩位老人家，陳東明恐怕也無法確定，堅持照顧母親的那分「單純的心念」，還能持續多久。

「還真虧了妳肯跟我一起耐心地照顧老人家。」望著已經擦好背，正在幫母親翻身按摩的妻子，陳東明默默地在心裡這麼想。縱然有著一股衝動，想對老婆說聲「謝謝」，卻總覺得彆扭而難以開口。所以只好藉著在人前稱讚自己，這輩子做得最對的一件事，就是娶了娟娟當太太，這在陳東明的心裡，就是對太太最大的肯定。

有個媽媽可以叫

母親那雙捲曲孱弱的雙手，將陳東明的視線拉回現實，她的指甲又長了。每隔一兩個星期，陳東明總會幫母親修剪指甲，不忍讓母親手心僅剩的那一點點肉陷入指甲中。

陳東明時常撫摸著母親的臉龐，認真地問：「媽媽，您還認得我嗎？您——還認——得——我——嗎？」她躺在床上，用那一雙大眼睛看著陳東明，眼光卻是閃爍迷離，似乎無法從兒子的身上，搜尋出她所想要的記憶。

陳東明的赤子之心，唯有和母親單獨相處的時刻才會表露無遺；卸下所有的盔甲、面具，像孩提時期一樣依偎在母親的身旁，「阿明啊！我生得下你，恐驚呷嘜到你。」每每想到母親這樣深沉的話語，陳東明總是紅著眼眶，堅定地吞下已經湧上來的淚水，哽咽地說：「媽媽，我一定會奉養您的。」

十幾年來，陳東明一直默默無怨無悔地服侍著母親，但有時候，也會覺得很挫折和無奈，因爲照顧母親這麼久，就只能讓她這樣靜靜地躺在床上，做兒子的卻什麼也幫不上忙，他多想用輪椅推著母親到外面公園曬曬太陽啊！

俗語說：「久病床前無孝子。」人總是有情緒的，照顧的時間一長，身心方面必然會感到疲憊，當心境處於低潮時，就會這麼想著。

多虧林娟娟很懂事，她總是適時地提醒陳東明，「轉個觀念嘛！現在可以親自照顧媽媽，是很有福氣的人咧！有多少人，想要盡孝，媽媽都已經不在了。」

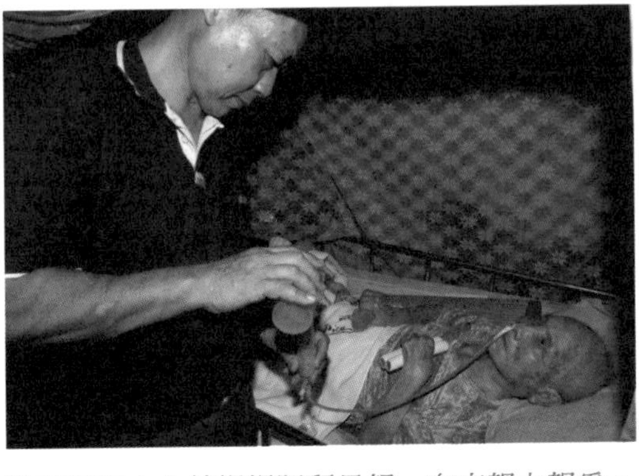

陳東明和太太林娟娟照顧母親，向來親力親爲，不論是鼻胃管餵食、修剪指甲、翻身擦澡，盡自己的本分事。（攝影：陳國麟）

像陳東明這樣的大男人，耳根子哪聽得進去女人家的話？以往林娟娟的話還說不到一半，陳東明就會用不耐煩的口氣說：「好啦！我知道了。」

還好，在陳東明進入慈濟這十幾年來，大男人主義總算逐漸縮小了，已經可以耐著性子聽完老婆的「規勸」。更難得的是，學會了謙虛地自我反省，只要老婆說的合情合理，他就會依照老婆的建議去做，偶爾還會不經意地讚美她幾句，林娟娟就樂個半天，連陳東明都會感染到來自老婆的那分喜悅。他之所以會這樣做，是源自於證嚴上人的〈靜思語〉：「讚美別人，就如同往別人身上灑香水，自己也會沾上兩三滴。」

長期以來，陳東明（右）在慈濟承擔周邊血捐贈幹事，舉凡驗血活動說明、陪伴捐周邊血民眾至醫院抽血，無不戮力用心投入。（攝影：陳國麟）

陳東明時常參與慈濟的訪視工作，和志工一起到偏遠的山區或鄉鎮市區的角落，幫助貧困或生活無依的老人家，爲他們洗澡及清理髒亂的住家環境，並帶些日常用品，去陪伴他們話家常，關懷他們生活上的點點滴滴。

當他看到老人家沒有子女在旁的孤單、寂寞、無助，那種期待親人陪伴的渴望眼神，讓他感到不捨。當志工幫忙老人家清理污穢不堪的床鋪、洗手間，甚至幫他洗澡清潔後，老人家臉上顯露的感恩、歡喜的笑容，總令陳東明覺得充實與欣慰。

「不認識的人，我都在照顧了，何況是自己的媽媽？」每當陳東明訪視回家，就會和老婆分享自己深刻的感受，對於照顧母親，就更加地視爲理所當然。

這樣的「理所當然」讓陳東明想到上人開示時，時常談到的「本分事」，陳東明認爲「理所當然」就是「盡本分事」，自然會得到來自內心的那分踏實與坦然。這也就是陳東明常掛在嘴邊的一句話：「能夠甘願做，自然就

桃園年終關懷戶圍爐活動，陳東明義不容辭地承擔香積組，端起素食佳餚到各個餐桌上。
（攝影：陳國麟）

會歡喜受。」

每次與慈濟志工分享，照顧母親是「本分事」時，陳東明總由衷地說：「坦白講，照顧母親至今，她到底認不認得我，已經不重要；重要的是，我還可以喊聲『媽』，有個媽媽可以叫……」每次分享至此，陳東明的眼眶已然濕潤、嘴角微微顫抖，哽咽地說不出話來。

陳東明收起指甲剪，靜靜地望著母親，嘴角微微上揚地喚了一聲「媽——」……

「阿祖，阿祖！」陳東明的孫子柏亨，跑了進來，手上拿著餅乾硬要塞到阿祖微張的嘴巴，「阿祖，吃，吃。」陳東明笑笑地順手抱起柏亨，趨前讓母親看看這個孩子。母親還是一樣地睜著雙眼看著他們，但陳東明發現，母親這次的眼神似乎在說：「阿明啊！我生得下你，嘛呷也到你！」

含笑花——游含笑的故事

文◎張綺涵

她怨生母棄養，怨養父母偏心，怨先生不能承擔家計，然而在行善中，她發現自己並不匱乏，周遭還有暖暖的善與愛，回首前塵，她只有感恩。（攝影：黃巳龍）

【游含笑小檔案】

一九五四年出生，家住桃園縣蘆竹鄉的山腳下。從小家境貧困，四、五歲時，家人把她送給表舅當童養媳；二十一歲，養父母將她和哥哥陳永錦「送作堆」。她曾經怨生母棄養、怨養父母偏心、怨先生不能承擔家計……然而，一九九二年她加入慈濟，開始做環保後，改變她的人生態度，也改變了她的後半輩子。

「你只會跟我要錢，家裡的事一點都不幫，每次都留爛攤子給我收拾……」游含笑面對先生向她伸手要錢，總是憤憤不平發著牢騷，但最終也只能心不甘情不願地把錢交出來。

回想起過往的人生，游含笑仍帶著些許的無奈與感傷。生母因為喜愛含笑花的清香，而以此為女兒取名，期盼她能如花一般耐寒、耐暑，擁有無須特別照顧，也能長得很好的強韌生命力。

生母生了七個孩子，當時家中背負巨大的債務，生母聽從外婆的建議，只好忍痛將她送給表舅當童養媳……

自問 為什麼人生這麼苦

含笑五歲時，進了養父母家，小小年紀就得分擔家事；天未亮就趕鵝到溪邊及山腳下覓食，回家後要掃地、切番薯藤餵豬，還要趕在太陽下山前，到田裡將曬乾的稻稈拿回來做草蓆。

外婆看到含笑所做的繁重家事相當心疼，對當初提議將含笑送人當童養媳相當自責，但儘管不捨，也無法改變事實。

小小身軀承受超齡的負荷，每當含笑動作慢一點或稍事休息，換來的不是養母的惡言辱罵，就是拳打腳踢。她渴望得到家庭溫暖與父母的愛，卻是那麼地遙不可及。

養母生了十個孩子，日常生活用品永遠是賒帳的，等到穀子收成或賣了豬，才有能力償還，因此家裡雖有大片稻田，卻永遠吃不到白米飯。這樣的生活讓含笑心裡感到不平，開始怨天怨地，恨生母棄養，也怨養父母偏心。

十三歲，含笑進工廠當童工，分擔家計。一做就是七年，當同齡的孩童揹著書包上學，她只能揹著便當進工廠。她抱怨生母家的妹妹可以上學，甚至讀到大學畢業，自己小學只讀一年就被迫輟學，爲什麼姊妹的命運會如此地天壤之別?

二十一歲那年，一家人用過晚餐後，含笑一如往常，埋首收拾桌上的碗筷，忽然從遠處傳來陣陣的叩叩聲，含笑循聲看過去，養母穿著木屐，抱著一條火紅的棉被，正朝向餐廳的方向，緩緩地走過來；木屐的叩叩聲，在寧靜的夜裡，聲音特別響亮，聲波由遠而近，漸漸靠近，含笑一個閃神，養母已來到她的眼前，當四目交接之際，養母銳利的眼神，讓她本能地低下頭，繼續手邊的工作。

養母以慣有的嚴肅表情對她說：「你們今晚就在一起，棉被我先放永錦房間，妳忙完，再去我房間拿枕頭。」工作告一段落後，含笑來到養母的房間，一對鴛鴦枕頭已靜靜地躺在床上，含笑拿起枕頭仔細端詳，兩隻鴛鴦一前一後，亦步亦趨悠逸地閒游著，腹下微微的水波，漾起圈圈的漣漪，鶼鰈情深的模樣，讓含笑深深著迷。當少女情懷沉醉在無盡的遐思中，不遠處，養母叫罵聲響起；「妳到底還要拖多久？」叫罵聲打斷了含笑努力編織的美夢。

那夜，含笑從養女變成媳婦，沒有婚戒、結婚照和喜宴；待嫁娘憧憬的夢幻婚禮，以及幻想著被祝福的喜悅，對含笑而言，是那麼地高不可攀、遙不可及。婚後，一個兒子、三個女兒陸續出生，丈夫經營糕餅生意，卻因不善於做生意，無法分擔家計；僅讀過小學一年的含笑識字有限，只能當工廠的作業員或清潔工，微薄的薪水根本難以應付生活開銷。

債務與生活開銷常壓得游含笑喘不過氣來，但從做慈濟事當中，讓她的心情由煩悶轉為開朗，臉上笑容增加了，抱怨減少了，也不再自怨自艾。
（攝影：黃巳龍）

先生工作不順遂，鬱悶之際，染上賭博、喝酒、抽菸等不良習慣，之後更動輒好幾個月沒回家，全無音訊；每每孩子開學前兩個月，含笑就開始擔心繳不出學費，「借貸」成了她無法擺脫的宿命。

債務與生活開銷壓得含笑喘不過氣來，她一次次自問：「爲什麼人生會這麼悲苦？何時才能改變命運？」

布施 點點滴滴細水長流

一九九二年，含笑在桃園一家染整廠工作，某天聽到收音機裡傳來的聲音：「參加功德會……每月一百元就可以幫助苦難人……」她還來不及記下如何捐款，收音機的聲音就消失了。

含笑從小就吃苦過來，很能體會貧苦人的處境。她想，只要一百元就能幫助人，有機會她也要捐款；又聽鄰居黃錦華說起：「有一個功德會回收報紙，賣了錢去助人……」含笑就開始在家裡及工廠回收報紙、紙箱，每天將回收物放置在附近店家門口，就這樣一點一滴地做回收，所累積的鋁罐已經達到一輛小貨車的量。她天天到店家詢問：「今天有沒有人來載回收物？」心中期盼著能夠早一點遇到載回收的人。

有一天晚上九點多，含笑看到購物中心門口停了一輛小貨車，她伸頭往車裡看，看到一本《三十七助道品》，還有《淨因三要》的錄音帶。她想，應該就是載紙箱回收的師姊，問她說不定可以找到功德會。

果然，她等到載回收物的郭金盆，開始對慈濟有了初步認識。當郭金盆得知含笑正處於借貸過生活，便要她把一車的鋁罐賣了補貼家用；但是含笑堅定地要把鋁罐捐給功德會。即使只是一粒沙、一滴水的力量，她也想幫證嚴上人在花蓮蓋醫院。

這是她唯一能夠藉由回收來行善的方式，雖然還過著借貸的日子，卻不減想要助人的心，想盡辦法節省生活開銷來捐款。

於是，她開始到環保站整理回收物。這件志工事，需要專心、細心及耐心，因爲分類錯了，回收廠商就不收貨；每當她將一堆堆回收來的資源仔細分類清楚，不知不覺心情也由煩

二十多年來，游含笑在桃園蘆竹環保站貢獻心力，疼惜大地，不曾間斷；每天晚上更抽空前往當地家具量販店做資源回收分類，全年無休。（攝影：黃巳龍）

資源回收開啓游含笑想要助人的善念，幾十年來，她恆持守住這分初發心，淨化地球的同時，也淨化了自己的心地。（攝影：黃巳龍）

悶轉爲開朗，臉上笑容增加了，抱怨減少了，對於不如意的人生也不再自怨自艾。

一九九五年，她進入一家電子公司做臨時清潔工，也建議廠長在廠內設立資源分類桶；「爲什麼要做分類？」廠長不解地問她，她解釋做環保的種種好處，因此感動了廠長，不僅推動垃圾分類，開會時還呼籲同事參與慈濟會員。

看著廠長與公司同仁陸續參加多次募款活動，捐助醫療基金、九二一地震後重建的希望工程等，含笑進一步邀請他們，參加慈濟在社區所舉辦的歲末祝福感恩會，讓他們實地了解善款在世界各地救助苦難的足跡。廠長因此深受感動，一次圓滿兩個榮譽董事，對於廠長的發心布施，含笑流下了感動的淚水，心想自己只是一個小員工，竟能得到長官信任與認同，這是在她過去生活中不曾發生的事，她也感受到社會的溫暖與愛心。

一九九九年，含笑經過培訓，受證爲慈濟委員。連續十二年，總是放棄公司每年舉辦國外旅遊的機會，並將旅遊補助款全數捐出。

「自己沒有能力每月多捐一點，只好找機會多布施。」含笑心想，不去旅遊，既可以加班賺錢，又可以助人，從中感到更充實與快樂。

含笑受證爲委員後，幫助許多的環保志工陸續受證爲委員，共行菩薩道。

二十多年來，含笑在桃園蘆竹環保站貢獻心力，疼惜大地，不曾間斷；每天晚上更抽空前往當地家具量販店做資源回收分類，全年無休。

甘願　坦然接受因緣果報

二〇〇八年全球金融危機，含笑被資遣；領到遣散費時，她想到上人說過「有一缺九」會很煩惱，不如把心態轉爲「有十捐一」。自己雖然還在繳貸款，但畢竟有房子可以安身；看到世間災難頻傳，自己的生活猶如在天堂。於是她以先生及三個孩子的名義，將遣散費捐出作爲國際賑災，幫助有難的一方，也希望藉此爲家人種福田，啓發家人的善念。

隔年四月的一個清晨，她在路邊等待共乘的車輛，一輛廂型車突然失控衝向路邊，不偏不倚地撞到她，然而奇蹟似地，除了手臂擦傷，並無大礙。

換作是以前的她，可能又要怨嘆怎麼這麼倒楣，做好事還會被撞；現在她則是感恩重業輕受。她以上人的話：「甘願還，打八折；不甘願還，加利息。」自我提醒：面對因緣果報，要心甘情願接受，遇到不如意時，要用「甘願做、歡喜受」的心情坦然面對。

患難見眞情

二〇一五年的某一天，先生無預警地吐血，家人立刻緊急送醫。到醫院檢查後，醫生判定爲舌癌第四期。

由於癌細胞的轉移，先生的脖子長出了腫瘤，沒有多久的時間，腫瘤快速長大。眼看著先生的生命愈來愈脆弱，夫妻倆不知如何應對，頓時想起上人說過：「積善之家，必有餘慶。」含笑收起悲傷，陪伴先生抗癌。治療期間都是含笑陪著先生進出醫院，除了生活及醫藥照料，她還得忍受先生三不五時的無理取鬧。對於先生的辱罵，含笑從不回嘴，只是默默地離開現場，不與他起爭執。

含笑心裡明白，只要不回嘴，就不會吵架。她的寬容與慈悲幫助先生度過危險期，直到體內沒有癌細胞，完全康復。

奇蹟 失智卻不失志

陪伴著四期癌症的先生，走過三十六次的電療與化療，這五年的治療期間，含笑飽受巨大的心理壓力與體力負荷，也或許是身體的自然老化等等因素，含笑罹患了失智症……

她無法再收功德款，因為怕弄錯金額；但她失智卻一點都不失志，奇蹟在含笑身上顯現。她持續每天晚飯後七點至十點到附近的家具量販店做回收，仍然全年無休。許多的法親不忍她颳風下雨還是去做回收，擔心她遇到危險，紛紛地勸她別做了。

法親問含笑：「妳為什麼堅持要繼續做回收？」她毫不考慮地回答：「因為不忍看到這麼多的回收物變成垃圾被丟棄。」

資源回收開啓她當年想要幫助別人的善念，幾十年來她恆持守住這分初發心，淨化地球的同時，也淨化了自己的心地。

含笑除了做環保，福田、生活組、結緣念佛、讀書會共學……仍然不乏見到她的身影，在菩薩道上，她期許自己要做到生命的最後一刻。

福慧傳家　生生不息

含笑的四個孩子都非常孝順，孩子們從小看著母親爲了生活而日夜辛勤工作，即使在艱困的借貸中，仍然讓孩子們完成高等學業。他們感念母親的養育之恩，現在母親生病了，是他們反哺的時候了。不僅在生活上照顧母親，大女兒桂秋更承接了母親的志業，繼續收功德款。桂秋知道母親此生最快樂的事是能夠走入慈濟，當上人的弟子，所以她願意承接母親愛做的事。

一路走來，含笑以身作則，她以愛傳家，以善傳家，以慧傳家，轉生活的苦難爲有價值的人生，並傳承這分善念給下一代，這是最富有的傳家之寶。

如今她享受陽光普照的溫暖；內心很平靜，不忘感恩證嚴上人創立慈濟世界，一個識字不多，在社會底層工作的人，卻在慈濟世界得到了公平的對待，上人的「感恩、尊重、愛」讓她的內心感到滿滿的溫暖，這是在紅塵中無法比擬的。

含笑用感恩心看待此生先生給的磨難，如果沒有外境的苦難，無法激出她離苦得樂的心，也許就沒有機會認識慈濟。現在她雖然失智，八識田中仍然記得上人的教法，「欲知前世因，今生受者是；欲知來世果，今生做者是」，她發願生生世世跟隨上人行菩薩道。

放下怨懟　慈暉普照

走在菩薩道上，深入苦難後，含笑將苦內化爲成長慧命的資糧，雖然苦還在，但她苦而無怨，回想小時候養父會在農曆春節，帶她回原生家庭吃團圓飯，看弟妹們圍在父母身邊，有書可讀，自己卻要寄人籬下，做粗活過生活，觸景傷情的含笑，恨生母棄養，更忌妒弟妹們得寵，面對滿桌的佳餚，食不知味，團團圍坐中，與親人疏離的感情，沒有相契的話題，一頓團圓飯吃得如坐針氈，恨不得馬上逃離現場。

曾經難以下嚥的團圓飯及格格不入的手足之情，在含笑敞開胸懷，釋出善意後，兄弟姊妹口中的「二姊」回來了，血濃於水的親情，在含笑頻頻修補下，一家人感情更加緊密、融洽。七個兄弟姊妹也深受含笑的善行感動，紛紛加入慈濟會員，發揮大愛精神。

她放下對生母的怨懟，在生母骨折需要人照顧時，陪在身邊，噓寒問暖。曾經渴望溫暖與愛的含笑，在化解怨懟中，找回了失落的慈暉，慈暉雖然短暫，但不曾有過的溫馨，已化爲永恆的回憶。

清晨時分，她走在環保站旁的紅磚道上，微風徐徐吹起，迎面飄來一股熟悉的花香，原來園裡的含笑花已經開得燦爛，她駐足在一朵花苞前面，想起生母當時對自己生命的期許……

也許有一天她什麼都不記得了，但是她的精神，佛性永遠不會消失，來生仍然會像眼前這朵含笑花一樣，度過寒冬之後終能開花，並散發宜人的芬芳。

轉念

一

【輯三】／此岸到彼岸

兩端——羅仕光的故事

文◎羅倩惠、鄭善意

二〇一一年六月十八日，羅仕光在慈濟中壢園區佛堂參與《慈悲三昧水懺》經藏演繹。（攝影：呂桂樹）

【羅仕光小檔案】

一九五六年出生於桃園縣龍潭鄉務農人家，手足中排行老二，畢業於勤益工專機械科。一九八一年與王瑛娟結婚，育有二子。一九九五年受證慈誠，法號惟玹。一向酷愛垂釣的他，卻在因緣際會下放下釣竿，與妻子一起走入慈濟菩薩道，從「絕望與歡狂」的彼端，過渡到與人為善、助人最樂的此端。

一九九三年，微風徐徐的初秋早晨，羅仕光與同事相約，到復興鄉榮華大壩附近的溪澗釣魚。當他們來到熟悉的山間小路，遇上一群背著救難裝備的當地青年，青年告訴他們：「我們要去救一位從板橋來的，與你們一樣要下去山澗釣魚的人，他不小心掉到一個上無路，下也無路的斷崖下。」

上無路 下也無路

「上無路，下也無路……」仕光嘀咕著。突然，魚兒在釣鉤上掙扎的畫面浮上眼前，他不禁打了個寒顫，心想：「上鉤的魚兒不也是上無路，下也無路！」緊接著，剛才出門前，妻子王瑛娟氣呼呼的神情在面前晃動起來，「釣魚、釣魚，如果人家也用鐵鉤把你的嘴巴鉤住，你會怎樣？怎麼就是講不聽？現在可好，連孩子的功課也不管了……」

眼看力勸無效後，漲紅著臉的瑛娟追出門口，硬塞給他一張紙條，眼角掛著淚水轉身跑進屋裡。那紙條此刻還縐成一團地躺在他口袋裡，他知道那準又是阻止他釣魚的一大堆理由，他壓根不想看，因爲看了也是白看，誰也休想剝奪他這唯一的休閒興趣。

可是，此刻他竟不由自主地將紙團小心翼翼地攤了開來，紙上沒有教條，更沒有說理，只有妻子抄寫的一首新詩：

有什麼快樂比得過／當魚兒上鈎時的一剎那／
有什麼痛苦比得過／當魚兒上鈎後的掙扎／
同在一條短線上／一端是快樂歡狂／一端卻是死與絕望／
兩者的脈博同在線上顫抖交往／我雖體味到漁者的心情／
卻領悟著更多魚兒的悲傷／
當別人的釣竿再度從笑聲中升起／彷彿釣起來的不是魚兒／
而是我滴著血的心臟！

（取自鄧禹平的〈兩端〉，鄧禹平是七〇年代流行歌曲〈高山青〉的作詞者）

仕光一連看了三遍，一股悲憫之情油然而生，想著：「如果我是那魚兒……」

婚後第八年，仕光迷上釣魚，三、四年來，不只星期假日，甚至請特休假與同事到深山或人煙稀少的地方釣魚；有時興起，還一連幾天參加夜釣。別說接送孩子上、下學免了，連睡眠都犧牲了！這樣的瘋狂行徑，讓瑛娟很擔心，也很傷心，夫妻更因此時起勃谿，而且愈演愈烈。

「仕光，幹嘛愣在那裡？快走啊！」同事的催促聲打斷他的思緒，原本興致勃勃的感覺沒有了，取代的只是反覆出現在腦海的那句——「同在一條短線上，一端是快樂歡狂，一端卻是死與絕望……」

絕望的陰影在瑛娟心底不斷堆疊。早上，從仕光揚塵而去的那一刻起，她就一動也不動地坐在客廳一角，任刺眼的陽光從窗櫺映照到她臉上，腦海裡盡是他背著釣具，執意離去的背影；她心灰意冷地噙著淚水，不斷自問：「這段婚姻是不是該結束了……詩人鄧禹平的那首新詩〈兩端〉，對他又能有多少啓發？」

「五萬元」的智慧

約莫過了一個多小時，滿臉哀戚的她緩緩將身旁矮桌上的收音機開關按下，《慈濟世界》的廣播節目，是她從一九九〇年加入慈濟會員後的心靈依靠。

「……爲了安頓尼泊爾災民，慈濟要在當地薩拉衣、勞特哈特等重災區，興建愛心屋……」收音機傳來證嚴上人溫柔的開示聲。一九九三年七、八月間，位於南亞喜馬拉雅山脈下的尼泊爾，因豪雨致使河堤潰決，加上山洪暴發而造成嚴重的水患，數十萬災民流離失所。慈濟發起勸募愛心屋，一屋新臺幣五萬元。

這時候，「離婚與否」的驚濤駭浪正一波波漫過瑛娟心田，眼看就要滅頂……「空中」上人的開示卻讓她忽然福至心靈地閃過一個念頭：「仕光本性善良，如果可以轉移他的興趣，也許我們的婚姻還有救……對，這是一個機會。」她決定再給自己一次機會。傍晚，她做了一頓豐盛的晚餐，等待仕光回來。

這天，仕光一條魚也沒釣到，然而，奇怪的是，他不但沒有失落感，反而有股輕鬆、自在的感覺。當他踩著夕陽的餘暉走進家門，迎面一桌熱騰騰的菜餚讓他食指大動；尤其意外接觸到妻子隱含笑意的眼神後，他放心地享受了一頓香甜的晚餐。

他將碗裡的最後一口湯喝下，正想站起來，瑛娟卻微笑說：「再坐一會兒，我有事和你商量……」她將今天聽到的廣播及上人的呼籲，以及想捐一戶愛心屋的想法，一股腦兒說出來。

「什麼？捐五萬？妳會不會太誇張了？我一個月的薪水才兩萬多元，要養全家……」羅仕光瞪著眼睛，不可置信地瞅著瑛娟，愈想愈激動，便滔滔不絕地說起當年的辛苦歲月。

民國四十年代，社會經濟普遍困頓，羅家雖然有幾甲茶園，但要養活整個大家族實非易事，而且茶園的工作非常繁忙、辛苦；母親根本無暇照顧仕光兄弟姊妹，他們都是老大帶老二，老二再帶老三，如此一個照顧一個長大的。那時，住新埔山上的他們，在仕光小學四年級以前沒有電燈，他的功課都要在太陽下山前做完。

大哥為了分擔家計，初中畢業就得幫忙茶園的工作，當時又是重男輕女的觀念盛行，所以，家裡只有他讀完小學，還能繼續升學到專科學校畢業。

服完兵役，為了盡快找份工作，他在退伍的第二天，先在住家附近找到一份車床工的工作，雖然不很理想，但他還是敬業地全力以赴。幾個月後，他如願轉換跑道，在平鎮山仔頂一家工具廠擔任品管人員。

由於他不怕辛苦、有責任感，工作又很認眞，同事也就是瑛娟的小舅舅很欣賞他，便將外甥女介紹給他。他們試著交往一段日子後，仕光發覺瑛娟是一位樂觀、明理的好女孩，於是，向她求婚，並順利地訂婚。

訂婚後，他們用貸款方式訂購一棟預售屋，兩人靠著微薄的薪水繳房貸。

放下釣竿的喜悅

爲了早日解除房貸的壓力，已是品管部門主管的仕光，又在外兼一份小夜班的工作，而且假日還要回家幫忙茶園的農事，日子過得相當辛苦。

一九八〇年，他考上國家中山科學研究院（簡稱中科院），次年七月開始上班。這時，他們的房子也蓋好了，他與瑛娟終於攜手走進禮堂。在中科院工作，他更是任勞任怨，而且只要有加班的機會，他一定不放過，幾年下來，房屋貸款還清了。

自幼在艱困的環境中成長，仕光養成辛勤工作、省吃儉用的性格，他用幾近哀求的口氣問妻子：「妳還要捐五萬元嗎？」

「要！不然算我向你借的。」瑛娟的斬釘截鐵，出乎他意料之外，一時爲之語塞。她接著說：「好歹我們還有得吃、有得住，如果大家都只知道自掃門前雪，那哀鴻遍野的尼泊爾，豈不眞要成了人間煉獄……」說著說著，瑛娟哽咽了。

仕光沉默片刻，想到這些年自己沉迷釣魚，不但疏忽了孩子，也讓她受了許多委屈……只好勉強地說：「好吧！就聽妳的。」次日，夫妻倆驅車到中壢聯絡處，以兩人的名義捐出這分愛心。

由於「愛心屋」的捐款因緣，瑛娟藉此順水推舟，勸說仕光報名參加慈濟慈誠隊培訓。半年後，培訓開課，瑛娟擔心他蹺課，每次上課都陪著一起去，直到課程結束，他受證爲慈誠隊員，她也成了第一位自封的「女慈誠」。爲了達成願望，她再接再厲，於一九九七年受證成爲慈濟委員。而最令她欣慰的是，在等待慈誠培訓的半年裡，仕光釣魚的次數一個月少過一個月，到了上過第一堂培訓課的「慈濟十戒」（註）後，便乾脆將所有的釣具拋棄，因爲十戒的第一戒，即是不殺生。

他不再釣魚，而且把以往釣魚的時間、假日，都用來做慈濟。當年中壢地區的慈濟志工不多，因此，只要有活動、義賣會場布置、帶慈濟列車、學手語、醫療志工……仕光幾乎無役不與。

九二一大地震，震醒了臺灣人的愛心，當大家紛紛慷慨解囊時，他也趕緊將家中的帳篷及災民可能用得到的物品稍加整理後，

一九九九年底，慈濟在南投中興新村爲九二一地震受災戶趕建組合屋，羅仕光（左）前往支援水泥攪拌工作。（圖片提供：羅仕光）

二〇〇六年四月八日，羅仕光於桃園大業園區鋪連鎖磚，與志工接力合作，期待桃園靜思堂早日順利完工、啓用。（攝影：詹秀芳）

送至慈濟中壢聯絡處集結，再分批載往臺中分會；並參與爲期三天的集集災區發放活動及訪視慰問，之後還參加安心計畫、組合屋建設、援建學校的希望工程。

當時，仕光是慈濟中壢地區的勤務聯繫窗口，專責人員調度及安排。他每日天未亮就出門，開車接送志工們到目的地參與重建工作。到了晚上，又沿路載送他們回家。所以，回到家常常已是夜深人靜，身體的疲累自是不在話下，但是心裡那分付出後的喜悅，卻是他最大的收穫，也是他無以言喻的感恩。

有這樣的收穫，他最感恩的是瑛

娟，幸好她當年堅持響應慈濟的募款；他才得以認識慈濟，有機會聽聞佛法，了解「欲知世上刀兵劫，但聽屠門夜半聲」的道理。之後，在她的鼓勵下，參加慈誠隊培訓，體悟「慈濟十戒」的修心、自律、培養慈悲心，他終能幡然醒悟，放下釣竿。

這樣的體悟拓寬了他的視野、胸襟，所以當二〇〇八年五月緬甸受納吉斯熱帶氣旋重創，十天後的五月十二日四川大地震死傷數萬人後，慈濟基金會發起全球「慈濟川緬膚苦難，大愛善行聚福緣」行動。曾發心立願捐慈濟榮譽董事（簡稱榮董）的瑛娟，因爲一直存款不足而有願難伸；這會兒公司正好結束經營，發給她一筆退休金與遣散費；仕光知道後即提醒她：「去完成妳捐榮董的心願吧！」

「啊！竟然自動叫我捐一百萬！」瑛娟訝異地想：「十五年前要他捐五萬元，就像要割他肉似地，還疲勞轟炸了我半天；如今要捐百萬，不僅眉頭皺都沒皺一下，還說得輕巧無比。上人是

一九九六年十一月，羅仕光向社區民眾宣導「造血幹細胞捐贈」驗血的目的，邀請大家來救人植福，無損己身。（圖片提供：羅仕光）

大教育家啊！」對仕光的改變，以及多年的心願終於得償，她有著滿滿的感動和欣喜。

次年元月，她受證「榮董」。

飽嘗錐心刺骨之痛

這許多年來，仕光的確改變不少，尤其是人生觀。從他懂事後，只要遇到稍微棘手的難題，很快就生出「不如死掉算了」的念頭，這也是他藉釣魚轉移壓力的最大因素。幸好走入慈濟，不斷聆聽上人教誨：「凡事皆出自自己的心念，心念轉不過去，便自行纏繞……若常懷甘願做、歡喜受的平常心，就能坦然面對難題。」他的負面想法便能漸漸轉為正向。

正是這樣的改變，五十八歲那年，他才能勇敢接受一次生命的嚴苛挑戰。

二〇一四年十月四日，秋高氣爽的早晨，已近耳順之年的仕光剛用過早餐，盧伻（二〇一三年瑛娟改名盧伻）遞過來一杯熱騰騰的紅茶，他接過茶杯，感激地微笑點頭後，對她說：「今天我想帶兩個兒子回三洽水看媽媽，妹妹們也會回去。」

「你不去桃園靜思堂參加那瑪夏音樂會？」盧伻問。心中不解的是，「他幾乎每天下班都回去看母親，昨天也回去了，而慈濟的活動他甚少不參加的，這次怎麼了？」

「這次我就不去了。」仕光遲疑了一會兒才悠悠答道：「趁著週末好天氣，順便上老家屋頂清掃落葉，有兩年沒上屋頂了。」仕光回答的語氣，慮伃覺得怪怪的，可又說不出怪在哪裡？

仕光老家房子周遭長有多棵參天大樹，一到秋天，落葉繽紛，散落地上、屋頂。由於房屋老舊，原來覆蓋的紅瓦不堪修補後，十多年前便請人搭上大片紅色鐵皮，爲了透光，又在鐵皮中輔以幾處塑膠採光罩。

二〇〇六年四月二十二日，慈濟四十周年海報展，在慈濟中壢園區展開，羅仕光敲鑼開展。
（攝影：詹秀芳）

這天中午，仕光和母親、妹妹……一家三代笑聲不斷地用完午餐，又圍在一起泡茶話家常；三點半左右，仕光的兩個兒子上屋頂掃落葉，兩個外甥想上去幫忙，第一個爬梯子就差點掉下來，仕光怕發生危險，趕緊加以制止，「你們都別上去，我來。」

雖然是十月天了，可西斜的太陽穿過大樹枝椏，依然有點刺眼。屋頂的落葉在父子三人的聯手清掃下，已近完工，不料就在仕光後退一步時，誤踩採光罩，「砰」一聲，瞬間重重跌落廢棄豬舍，背部先撞上間隔豬圈的泥砌矮牆，再滾落地面，頭部又硬生生砸在磚塊上，霎時鮮血直流，他意識到自己已命懸一線，就要暈過去……

真暈過去或許還好，偏偏昏頭轉向之際仍有幾分清醒，他飽嘗無邊無涯的錐心刺骨之痛，幾乎喘不過氣，更無法挪動身體分毫，只有低低的呻吟聲不斷從喉嚨迸出來……終於淹沒在救護車的「哦——哦——」鳴笛聲中。

二〇〇八年十一月九日，羅仕光帶領慈濟列車從中壢出發，至花蓮靜思精舍參訪。（圖片提供：羅仕光）

救護車將他送到就近的醫院掛急診，醫生趕緊處理後腦的傷口，再照X光檢查背部後，向著急趕到的處伻說：「羅先生的後腦縫了十多針，脊椎受到嚴重撞擊，有一節粉碎性骨折，情況很嚴重，也會很痛，剛才已幫他打過止痛針；至於脊椎的後續處理，我們沒多大把握，今天又逢週六，專科醫生得等到星期一……」

盧伻心疼地握著仕光痛得顫抖的手，不捨地看了看他灰暗的面容，果決地告訴醫生：「我們要轉院，麻煩你幫忙查詢臺北慈濟醫院有沒有病床？」不一會兒，得到肯定答覆，於是連夜轉院。

人生沒有過不去的苦

他們夫妻經常到慈濟醫院當志工，平常四十分鐘的路程，今晚對盧伻來說卻像一世紀那麼長。救護車在黑夜中顛簸前進，他被固定在擔架上，興許是止痛針的藥效，他迷迷糊糊地睡著了，恍惚中卻斷斷續續地喃喃自語：「我會癱瘓嗎？會嗎？」倏地，幾顆淚珠從眼眶滑落，他再度看到當年魚兒被釣起時的掙扎……

好不容易到了慈濟醫院，神經外科徐醫師替他仔細檢查後表示，仕光腰椎上面兩節、胸椎四節骨折，其中伴有兩公分粉碎性骨折，而且引起氣胸，不宜貿然動脊椎手術，必須先住進加護病房。

在加護病房住了五天，直到發炎指數下降、呼吸順暢後才動手術；術後，徐醫師第一次巡視病房時，囑咐仕光夫妻，手術很順利，脊椎打了八支鋼釘，碎骨頭都清理乾淨了！幸好未傷及主神經，但其他受傷的神經，得靠自己勤作運動復健，切記不能搬重物。

由於仕光擔任合心關懷、精舍護法窗口多年，加上慮伻既是和氣組長又是社區環保講師，夫妻倆結了許多好人緣，因此，在普通病房住院的十多天，前來關懷、祝福他的志工絡繹不絕。面對這麼多的關懷與祝福，他們除了由衷感恩，並誠心發願，爾後要更認眞做慈濟，才不辜負大家的祝福，以及大醫王的用心救治，使仕光免受癱瘓之苦。

休養兩個多月後，他銷假上班，也出席志工會議或靜態活動。他很感恩中科院長官、同事的體諒，粗重工作有同事代勞。只是志工的部分勤務不能勝任，是他心中的牽掛。由於受傷的神經未復原，坐、臥後要起身的剎那，都痛得全身冒汗，硬床如臥針氈，矮板凳、打地鋪幾乎爬不起來，更別說搬重物了。幸有眾多師兄、師姊請他安心養傷的加油聲不斷，他方能慢慢釋懷。

復健之路迢迢，但他歡喜、堅強面對，就算洗澡、穿衣等等生活細節，妻子執意呵護，他也寧願咬牙自己動手，他不希望永遠依賴妻子或別人。只要時間允許，他一天至少走路及甩手兩、三小時，也樂意「以病爲師」，隨時調整動作姿勢，適應疼痛，同時用上人的法——「前世因後世果，歡喜受打八折；人生沒有過不去的苦……」鼓勵自己。

時光荏苒，六年過去了。健康雖不算完全恢復，但神經受損造成的痛楚已減輕不少，傷後不自主抖動的右腳，也從四十秒一次，降到偶爾抖一下。這次的意外，他無怨無憐，只有更感恩慈濟的這方福田，讓他體悟「付出無所求的歡喜、勇敢面對無常的甘願」；感恩妻子行善的「堅持」，讓他體會發揮功能助人的快樂；感恩鄧禹平的〈兩端〉這首詩，點醒他釣魚只是把自己的快樂，建築在魚兒「上無路下也無路」的痛苦掙扎上，他才能及時從樂此不疲的「絕望與歡狂」的彼端，過渡到「與人爲善、助人最樂」的此端。

【註釋】

慈濟十戒：
一、不殺生
二、不偷盜
三、不邪淫
四、不妄語
五、不飲酒
六、不抽菸、不吸毒、不嚼檳榔
七、不賭博、不投機取巧
八、孝順父母、調和聲色
九、遵守交通規則
十、不參與政治活動、示威遊行

小農夫耕大福田——邱慶隆的故事

文◎鄭善意

二〇一一年七月十五日，邱慶隆在中壢園區值班，這是他自一九九五年受證慈誠以來，一直恪守的勤務。（攝影：詹秀芳）

【邱慶隆小檔案】

一九五一年出生於中壢市一戶務農人家。一九九二年，加入慈濟志工行列，一九九五年受證慈誠，法號惟諾。次年，與妻子卓秀枝同時受證成為慈濟委員；一九九九年，夫妻倆再度同時受證為慈濟榮譽董事。小學六年級就能耕田的他，在走入慈濟，勤耕福田後，才懂得孝順，才明白原來自己很幸福。

紅通通的夕陽下，大片水田的一處田埂上，一個瘦小的身影將沾滿泥巴的雙腳，就著及踝的雜草相互搓擦，然後輪流伸入田溝攪動，瞬間，溝水泛起圈圈漣漪。

「慶隆，快回家，太陽要下山了！」正享受著腳下清涼的他，忽然聽到阿好嬸的叫聲，抬頭看到她荷著鋤頭朝他走過來。他滿足地咧咧嘴，大聲回應：「知道啦！」稚嫩的回音淹沒在被風吹得噼噼啪啪的舊斗笠聲中。

小農夫駕大鐵牛

阿好嬸家的水田與邱家的水田緊鄰，每次看到邱慶隆與父親一起來田裡工作，都忍不住停下手邊的工作，用羨慕的口氣向邱父說：「你家慶隆好乖喔！才小學六年級就會開『鐵牛』犁田，而且除草、插秧……樣樣行。」她的稱讚總讓含蓄的邱父眉開眼笑。

「ㄆㄛ——ㄆㄛ——」阿好嬸走近水田旁產業道路，看著慶隆坐在已經發動的「鐵牛」車上正準備離去，「今天你阿爸沒來，你自己要小心慢慢開回去喔！」他笑嘻嘻地點點頭，踩下油門緩緩朝馬路前進。

馬路上，行人匆匆，幾個穿著卡其制服的學生與他擦身而過，他才想起明天是初中

（後改稱國中）考試報名的最後一天，再不向阿爸說就來不及了！可是，阿爸這麼多田地……

「砰！」慶隆的身體猛地向前傾，「鐵牛」直直撞上前面等紅燈的軍用吉普車。慶隆驚慌地從駕駛座跳下來，一個箭步衝到「鐵牛」前頭，上下左右看了一遍，心裡才暗自慶幸：「還好，沒事！」隨即看見從吉普車上走下來兩位穿草綠服的一高一矮軍人。

「小朋友，你沒事吧？」個子較高的軍人親切地問，慶隆驚魂未定地搖搖頭。

「你幾歲？」小個子軍人打量慶隆一會兒才開口。

「我……十四歲。」慶隆一臉蒼白地結結巴巴回答。

「小孩子怎麼玩『鐵牛』玩到大馬路來？這很危險，你知不知道？」

「對……對不起啦！我忘了提早踩煞車……」慶隆知道自己剛才盤算考初中的事，想得恍了神，才撞上軍車。

「沒受傷就好！下次別再玩了喔！」高個子軍人摸摸他的頭，轉身上車離去。他木然地點點頭，將車子緩緩開回家。

他回到家，父親也正好牽著養了多年的水牛，以及荷著犁、鋤頭的大哥，從另一處水田回來；看到父、兄一身泥濘，以及難掩疲憊的肅穆神情，整個晚上，他就是提不起勇氣把考初中的想法告訴父親，畢竟五、六甲田地，怎麼忍心全讓父兄承擔。

因此，小學畢業後，他成了全職的「農夫」，不只會駕「鐵牛」犁田，也會驅使水牛耕田。只是心地善良的他，總不忍鞭打與他一起長大的水牛，整地時，也不忍心站在「犁耙」上增加牛的負擔，但又不能不完成父兄交代的任務。於是，他只好向牛拜託：「牛大哥！拜託你走快一點，否則我回去會挨罵。」

日出而作，日落而息的光陰過得特別快！轉眼已是一九七七年，慶隆經媒妁之言與卓秀枝結婚，婚後兩兒兩女陸續出生，一家生活美滿。除了仍耕作父親留給他的一甲多農地，也開店經營機車材料零件生意，夫妻同心，其利斷金，生意自是穩定成長。

春節夜訪靜思精舍

十二年後的某一天，秀枝經由報紙上的訊息，輾轉參加龍潭一處社區的讀書會，中場休息時間，一位社區太太揚了揚手裡的《慈濟道侶》半月刊，向她說：「一個月一百塊就可以做善事，妳要不要參加？」秀枝不加思索回答：「好！」

「我每個月去妳家收善款。」該位太太熱心地笑著說。

「龍潭到中壢太遠了！妳將《慈濟道侶》送給我，我自己去郵局劃撥。」就這樣，秀枝成了慈濟會員。

一九九二年的農曆春節，秀枝提議全家驅車遊花蓮，第一站即前往靜思精舍參訪。他們找到精舍時，已經晚上七點多，夜幕在寒風呼呼聲中籠罩大地。一位身著深藍色衣裝的師姊一臉笑意地接待他們：「還沒吃飯吧？來，我們先去用餐。」

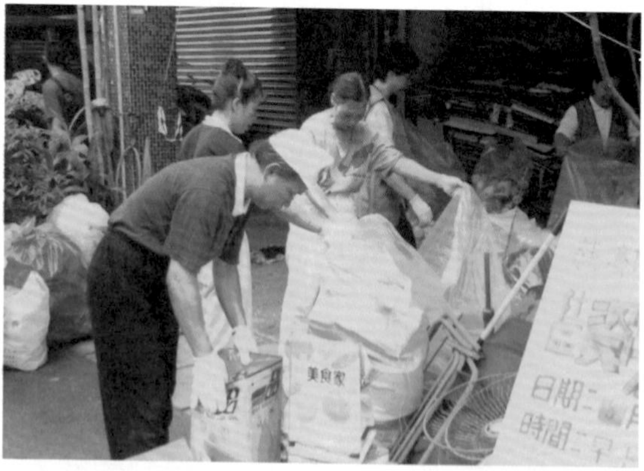

一九九五年間，邱慶隆在中壢第一新城會員家騎樓，參與資源回收分類工作。（圖片提供：邱慶隆）

這句話像溫暖的懷爐，瞬間暖和了慶隆的心，他暗忖：「非親非故的，竟然這麼親切要請我們吃飯！」他身旁的秀枝趕緊微笑回答：「不客氣，我們吃飽了才過來的！我們是來看看《慈濟道侶》中所說的『靜思精舍』。」

志工師姊爲他們奉上熱茶後，即娓娓介紹二十多年前，證嚴上人爲了拔苦予樂、淨化人心，如何從三十位家庭主婦的「竹筒歲月」開始，精舍師父們做手工、濟貧，到後來的蓋醫院……聽得慶隆夫妻佩服不已。

在回住宿飯店的路上，秀枝有感而發地對慶隆說：「精舍師父們眞的很令人敬佩，除了要修行，還要下田耕作、做蠟燭自力更生，而且不忘幫助苦難人家……希望有一天，我們也能加入慈濟志工的行列。」

這年九月二十八日，慶隆家附近的中山路上，成立了慈濟中壢聯絡處。秀枝開始將善款交給志工張紅玲（即後來出家的德勤師父），並利用時間參與訪視、募款等志工工作；同時慶隆也在志工萬德勝的帶領下，關心慈濟照顧戶、爲獨居老人洗澡、清掃住處、修補屋頂等等。

有十位兄弟姊妹的慶隆，雖然從小就要耕

二〇〇九年三月二十七日，邱慶隆於中壢分局參與「警察暨眷屬身心靈關懷」活動時，泡茶並分送茶水給與會大衆。（攝影：莊育俊）

田種地，但生活無虞，也從不知道什麼是孤苦無依？直到在新竹關西山上，為一位瘦骨嶙峋、行動不便的老人打掃髒亂不堪的斗室——無水無電的簡陋小木屋。他才驚覺，原來自己是多麼地幸福！

有了這個體悟，他更積極與妻子輪流參與訪視、資源回收分類，以及醫院志工等各類活動勤務。

走入慈濟才懂孝順

有一次，他到花蓮慈濟醫院當志工，被分派在急診室旁的留觀室。

慶隆注意到一位躺在床上的八十多歲老人家，眼睛總是茫然地望著天花板，身邊卻始終不見家人出現。慶隆走近老人床邊：「伯伯，有需要我幫忙的嗎？」老人微微搖頭，慶隆發現他竟然眼泛淚光，於是進一步輕聲問道：「你的家人有來嗎？」

「唉！」隨著老人的輕聲嘆息，一顆晶瑩的淚珠自他凹陷的眼眶慢慢滑落……停了片刻，才用舌頭舔了一下乾癟的嘴唇，哽咽地向慶隆說，他有三個兒子、兩個女兒，全家原本還算和樂；但自從老伴過世，他把財產全分給兒女們以後，怪父親分配不公的怨聲四起……孩子們早已忘了他這位父親的存在；說到傷心處，老人的眼淚像斷了線的珍珠。

慶隆看著老人止不住的淚水，眼前也漸漸模糊起來……

「怎麼沒點心？我早上五點就出門，現在都幾點了？竟然這麼晚才送點心來，妳存心餓死我，是不是？」慶隆十七、八歲時，也不知道爲什麼，脾氣特別暴躁。每當在田裡耕種，近午時分，飢腸轆轆的他，若盼不到母親按時送點心來，或送來的點心不合胃口，他便圓瞪著眼睛向母親大聲咆哮，而一向溫婉的母親只緊抿著嘴唇，默默落淚。

父親晚年生病時，有一天近午要他去拿藥，他甚至毫不客氣地回答：「吃完飯再去拿！」使一向權威的父親頗爲難堪、失望……這事過後不久，父親便撒手人寰。往事歷歷，

一九九六年五月十三日，邱慶隆回花蓮參加幹部研習營，在靜思堂法華坡道參觀慈誠隊展示區。（圖片提供：邱慶隆）

他愈想愈傷心，不禁又想起上人的慈示：「父母是我們堂上的活佛……行善行孝不能等……」霎時，懊悔、惱恨、思念，一股腦全湧上心頭，終至泣不成聲！

五天志工勤務結束，華燈初上時分回到中壢，他一下火車就直奔老家。向來早睡的老母親已在臥室準備就寢，看到兒子突然回來，而且一進門就緊緊握著她的手，一時之間還真有點不知所措，但仍是高興地說：「你怎麼這麼晚？秀枝、孩子沒跟你回來？」他卻只能握著母親滿是歲月鑿痕的手，久久無法開口，僅在心底不斷地吶喊：「媽媽，我最最親愛的媽媽，對不起！對不起……」

從此，他每星期都回去看母親，而且每次一聽到上人說「行善行孝不能等」，就忍不住懊悔地哽咽：「走入慈濟，我才懂得要孝順！」

二〇〇三年三月，慈濟志工在中壢國小舉辦造血幹細胞捐贈驗血宣導活動，邱慶隆（左）承擔交通疏導工作。（圖片提供：邱慶隆）

這個「懂得」雖然有點晚，但他想到既然不能再對父親「行孝」，何不用「行善」來膚慰父親在天之靈？於是，他努力投入社區資源回收、分類的環保工作，不只以身作則，而且長期帶動、陪伴環保志工，並承擔中壢和氣環保幹事，與平鎮的志工林盈祿聯手統整中壢、平鎮共二十多個回收點的回收報表及志工人數，使環保工作更上軌道，讓更多環保志工一起守護地球。

慶幸走在慈濟菩薩道

除了環保工作，慶隆也勇於承擔各項勤務。由於慶隆早期經營過油漆生意，刷油漆在行；一九九八年靜思精舍蓋志工寮房，隔年元月下旬，他一聽說需要油漆工支援，即使農曆年關已近，他仍二話不說和中壢的兩位志工，一起回精舍刷油漆。

油漆刷了半個月，再十來天就是春節，來自臺北、桃園、中壢等地的志工們，擔心買不到火車票，都陸續回鄉；慶隆也想和同來的兩位師兄回去，可是北區慈誠隊大隊長黎逢時希望他多留些時日。

「黎師兄，我得回去啦！否則到時買不到票，就回不去了。」慶隆眼看除夕愈來愈接近，他不只一次向黎逢時反應。

一九九九年靜思精舍蓋志工寮房，邱慶隆（前排中間）一聽說需要油漆工支援，即使農曆年關已近，仍二話不說，前往精舍協助刷油漆。（圖片提供：邱慶隆）

「不會啦！安啦！」黎逢時每次都不疾不徐地回答：「到時候會有座位的，半小時就到了！」

「半小時就到？怎麼可能？除非坐飛機；可是機票很貴呢！到時恐怕也是一票難求，只能指望阿彌陀佛保佑了。」慶隆心裡雖然不免犯嘀咕，但他明白粉刷牆壁，不能不告個段落，尤其過年期間，精舍會有許多海內外志工回來，他也希望新蓋的寮房看起來清清爽爽地。所以，嘀咕歸嘀咕，他仍然每天努力刷油漆。

「你來二十多天了吧！感恩你來種福田、結好緣！這是明天的機票……」除夕前一天，慶隆坐在回臺北的飛機上，滿懷歡喜、感恩地想著昨晚習慣性恭誦半小時「阿彌陀佛」後，正收拾行李時，黎逢時送他機票的溫馨畫面，不禁打從心裡讚歎：「大隊長眞好！竟然送我機票。原來他早就準備讓我搭機回臺北……」慶隆再一次見識了慈濟志工的大度與爲人設想的周到；他慶幸自己已走在慈濟菩薩道上，一定要見賢思齊。

從臺北下飛機再轉飛狗巴士，回到中壢已是午後，他一走進家門，就感受到濃濃的新年氣息；與秀枝、孩子們高高興興閒聊一陣後，太陽漸漸向西滑落，慶隆迫不及待地拿起鋤頭、鐮刀、水桶，騎上機車，直奔闊別二十多天的田園。

父親往生後，留給他的大片水田，他只保留一百多坪，自己種菜；其他的大半面積租給附近人家種稻子。他每天早上六點半騎機車去菜園除草、施肥、澆水，一畦畦青蔥嫩綠的地瓜葉、蘿蔓……賞心悅目之餘，更多的是，他對父親的想念與感恩。

一善破千災的體悟

「今天怎麼回來晚了？」二〇二〇年九月二日上午近十點，秀枝見他從菜園回來，走進家裡的樣子有點狼狽，衣褲也髒兮兮，著急地問：「你騎車跌倒啦？有沒有傷到哪裡？」

「我回來的路上，在王子街十字路口被撞。」他邊回答妻子邊撩起右腳褲管，只見膝蓋磨破了皮，還滲著血絲。秀枝趕緊取出家裡備用的護理包，一面幫他清理傷口，一面問：「對方是騎車？或開車……」

「什麼？他的機車前頭壞得一塌糊塗，腳看起來有點嚴重；你確定你沒事？」秀枝聽完慶隆的敘述，不可置信地問。

「幸好我每天念佛……只有膝蓋擦傷，機車也沒損傷。」慶隆微笑著以僥倖的語氣回答。

「每天念佛有差嗎？」秀枝低著頭爲他上碘酒，聽他這樣說，雖然頭未抬一下，口氣又略顯揶揄，但心裡早已默默感恩「佛陀庇佑」好幾回了！這會兒重複出現在她耳際的是上人說的「一善破千災」。他們夫妻多年來一直走在修行的菩薩道上，不說做了多大的善事，至少能做的、能力所及的，他們都盡力而爲。

「差很大喔！妳不知道當時我被撞飛，心想這下慘了！哪知掉落地上時，竟然只受了點小傷；一定是阿彌陀佛趕緊抱著我，再輕輕將我放下，不然我這把老骨頭肯定要被捽散了！」

「是！要感恩阿彌陀佛，但自己也要小心、騎慢一點，不然，佛陀追不上你，就愛莫能助了！」秀枝手握收拾好的護理包，趁機提醒他後，拾階上二樓。

慶隆瞅著緩步上樓的妻子背影，暗自思量，要念佛，也要行善積德，尤其做資源回收，既可減少環境汙染，也可延長物命，更是上人念茲在茲、守護地球免於受汙染的志業。

如今，已屆古稀之年的他，雖然五年前卸下環保幹事後，又承擔「榮董幹事」一職，但到環保站收拾、整理回收物，將分類妥善、捆紮好的回收物，堆疊到環保貨車上，是他二十多年來習慣了的工作。

就像他打小耕作的田地、後來闢建的菜園，他每天早晨都要去走走看看、除除草、澆澆水，即使大清早沒空，傍晚也要踩著夕陽餘暉去繞繞轉轉；所以，即使過了半世紀，橫臥的田埂、菜園依然有他漫步徘徊的身影。

心靈香——李晴香的故事

文◎鄭善意

二〇〇九年十月二十六日，李晴香在慈濟中壢聯絡處值班。（攝影：詹秀芳）

【李晴香小檔案】

一九五二年生於臺南柳營，兄弟姊妹中排行第四。一九七二年與黃禎祥結婚，婚後遷居桃園平鎮，育有二子一女。一九九六年受證為慈濟委員，法號慮授。兩年後受證為榮董，並於二〇一二年，鼓勵先生受證為榮董。在慈濟二十多年來，從承擔功能幹事到和氣組長、合心關懷、懿德媽媽，一路用心精進，廣結許多好人緣。

二〇〇二年歲末隆冬，天寒地凍。下午五點多，淡淡的黑幕已悄悄罩向大地。李晴香爲了給家人熱騰騰的火鍋晚餐，一個人在廚房，挑茼蒿、洗高麗菜、切蘿蔔……手一直沒有停過，嘴也沒閒著：「大家好！很高興在這裡跟大家見面，非常感恩今天有這麼多朋友蒞臨，參加今年的社區歲末祝福……」

家圓事圓

「喂！妳有毛病？對著那些青菜、蘿蔔嘰嘰咕咕。」先生黃禎祥不知什麼時候站在她背後，冷不防的一句話，嚇得晴香差點灑落手上的熱湯。她慢慢放下湯碗，然後快速地將燙著的手指在耳根搓揉，邊搓邊驚魂未定地說：「也不打聲招呼就跑進來，嚇我一大跳。」

「自己魂不守舍還怪人？我才奇怪咧！看妳早上洗衣服，嘴巴唸個不停；煮午餐也沒頭沒尾地說什麼『天下沒有我不愛的人……』」阿祥話沒說完，突然促狹地伸手摸了摸晴香的額頭，繼續說：「沒發燒啊！」然後皺起眉頭問：「李師姊妳沒事吧？」

「沒事啊！我在背司儀稿；哎呀！被你打斷了啦！」晴香先是若有所思，緊接著輕跺著腳回答。

二〇一一年十二月三日，李晴香在中壢園區歲末祝福開場前，帶領大眾唱誦〈法譬如水〉經藏演繹段落，呼應與練習。（攝影：丘亭）

一向幽默的阿祥，裝迷糊地大聲國、臺語混著說：「什麼啊？司儀『猴』？什麼是『司儀猴』？我只聽過金絲猴、潑猴，可就沒聽過什麼『司儀猴』？」原來是司儀稿的「稿」字，與臺語的「猴」同音。

「阿祥先生，此『稿』非彼『猴』啦！」

原來晴香是在爲即將到來的歲末祝福感恩會上的主持工作做準備。雖然她已當過十多場浴佛、吉祥月、中秋感恩晚會等活動的司儀，但像這次近三千人場次的司儀卻是頭一遭。這幾天，她除了用心觀摩臺北各區的歲末祝福，更努力撰寫、熟記司儀稿。

雖然年屆五十，已生養三個兒女，身材卻依然修長、挺直，歲月似乎忘了在她清秀的臉上留下鑿痕，晴香做起慈濟事更是不含糊，她最常向阿祥說：「跟師父做慈濟，是我努力來的，不能漏氣，不能撿石頭給師父挑。」所以對即將到來的主持工作戰戰兢兢，非得把司儀稿背得滾瓜爛熟不可。

做慈濟不能含糊，家事也一定要兼顧，她受證爲慈濟委員時，就聽上人說，「家圓，事才能圓。出來做志工，首先要把家照顧好。」因此，她既要把家打理好，還要幫先生的工廠作帳；又要善盡志工的責任，只能善用做家事、煮飯的時間背稿。

「好好好，我親愛的黃太太，不管妳是哪種『稿』，總而言之，妳可不可以不要把自己『搞』得團團轉？一下子碎碎唸，一下子手舞足蹈，連睡覺都比手畫腳……」阿祥連珠炮似的話語，聽在晴香耳裡，格外貼心，她知道先生是捨不得自己累著，即便他初創事業時，再辛苦、再累，也毫無怨言，他打心裡疼惜她，疼惜這個他從小就鍾愛的青梅竹馬……

青梅竹馬

「豐盛號」遠洋漁船在風平浪靜的印度洋上穩穩地往好望角方向前進，偌大的甲板上空蕩蕩地，阿祥獨自倚著船沿欄杆，手裡拿著一張稍稍泛黃的照片，照片中的女孩是阿祥的青梅竹馬；他出神地望著，久久才抬起頭來，將目光投向遠方漸漸浮出海面的太陽。不一會兒，旭日柔和的光芒灑落水面，湛藍的海面瞬間金光點點……

高職畢業的阿祥，在習得銑床、研磨等操作重機具的技術後，爲了實現自己多年的願望——遨遊世界、豐富人生閱歷的同時，也可以賺些錢孝敬父親、迎娶晴香。於是，他跟著朋友上了遠洋漁船。

在美麗的星空下，一望無際的大海上，乘風破浪的浪漫，隨著日月的更替，漸漸變得枯燥乏味，幸好「她」時刻陪在他身邊。照片上那個緊抿著小嘴、張著一雙大眼睛的女孩，再次在他心版上跳躍起來，稚嫩的聲音又在耳邊響起……

「阿祥，你爲什麼要載我，不載美枝？」坐在腳踏車後座的小晴香天眞地側著臉問。

「我怕妳走不動。」阿祥一面簡短地回答，一面輕快地踩著腳踏板，飄飄然往烏山頭水庫的方向前進。

這天，讀國小六年級的晴香，趁假日與同學美枝兩姊妹相約去附近的烏山頭水庫踏青。她們才走沒多遠，比晴香大四歲的鄰居阿祥，騎著腳踏車自後面追來；「吱——」一聲，腳踏車停在三個小女生前面約三公尺處，阿祥俐落地跳下車，俟晴香走近，便微笑對她說：「阿香，我載妳，來，快上車。」

晴香遲疑地看著阿祥，又轉頭看看美枝兩姊妹，她們笑著點點頭，「上車呀！我們很快就走過去和你們會合。」

老舊的腳踏車在萬里無雲的藍天下「喀喀喀」前進，阿祥被太陽曬得紅通通的俊秀臉龐上，有如路邊迎風搖擺的稻子般意氣風發；只是才一會兒工夫，他飛揚的眉毛及向上的唇角，剎那間黯然地垂了下來。

他想起七歲那年，母親病逝；初中一年級時，父親做生意失敗，大片土地和房子都被拍賣一空；幸好晴香的父親及時伸出援手，將屋旁的空地，免費讓他們搭建簡單房舍，全家大小才得以安頓。

阿祥第一次看到十歲的晴香，就覺得她好可愛，往後的日子，他不知不覺扮演起大哥哥的角色，處處呵護她，逗她開心。

轉眼間，自白河高職畢業的晴香已長得亭亭玉立，而阿祥全家搬到隔壁村也五年多了。儘管搬家後的阿祥有屬於自己的工作，但只要有空，他一定會去晴香家，他和她的兄弟都是好朋友，而且阿祥的衣服破了，也都是晴香的大姊幫他縫補的，他們的感情就像一家人。

「啾——啾啾——」海鳥的叫聲，將阿祥拉回到現實中，他低頭注視相片的眼神多了一股茫然。「一家人？」他多麼盼望晴香可以和他成爲眞正的一家人，只是他家裡窮，怕高攀不上富裕的李家！他手上這張她初中時的畢業照，還是當年在她家看相簿時，趁她不注意，偷偷藏起來的。

一趟遠洋漁船回來，已經是兩年後了，這時，晴香在臺北工作，阿祥決定不再漂泊海上，他要鼓起勇氣向她求婚。

姻緣天定

「門不當、戶不對還是其次，阿爸怎能讓妳去吃苦……」父親一聽說阿祥想娶他的寶貝女兒，一臉陰鬱地說。晴香不願違逆父親，但又覺得十多年來，阿祥對她很好，實在不忍心拒絕。直到兩個月後的一個星期日，晴香請二哥陪她去阿祥家，要向阿祥說清楚父親不答應這門婚事，她只能遵從。

「阿祥！」晴香的二哥突然一叫，讓坐在書桌前的阿祥嚇了一跳，他抬頭看到晴香就在眼前，微笑的臉上瞬間揉進些許靦腆。他很快站起來，晴香的二哥走過來攬著他的肩膀說：「走，我們到外面，我有話跟你說。」

留在屋內的晴香走近書桌前的椅子坐下來，無意間看到阿祥的日記本就靜靜地攤在桌上，原來他剛才是在寫日記。晴香忍不住好奇地將視線落在那一行行工整的字跡上，「……我眞的很喜歡阿香，如果可以娶到她，即使要我去扛電線桿，我也願意。希望『精誠所至，金石爲開』……」頓時，晴香的眼睛模糊了！

「爲了我，連扛電線桿這麼辛苦的工作都願意去做！」她若有所思地輕咬嘴唇，伸手輕輕抹去臉上的淚水，緩步走出門外，堅定地朝兩個竊竊私語的大男人喊：「二哥，我要嫁給阿祥。」

婚後的阿祥，沒讓晴香失望，他努力工作的精神感動了老丈人，在老丈人協助下，經營起「禎祥」銑床、研磨工廠，事業一帆風順；不久，他們有了愛的結晶和屬於自己的房子。

一九八七年，工廠一位跟著阿祥多年的師傅結婚，新婚妻子雅婷經常來找晴香聊天，她發現晴香很慷慨，只要有人登門募款，幾乎來者不拒。有一天，她又看到晴香捐款給一位瘖啞人士。

「阿香姊，我大姊、阿姨都捐錢給花蓮的一位師父，既然妳這麼喜歡做善事，也捐錢給花蓮的師父，好嗎？」

「好啊！妳有花蓮師父的帳號嗎？」

「大姊有劃撥單，我明天帶來給妳。」就這樣，晴香每隔一段時間就將捐款劃撥到花蓮「佛教慈濟功德會」。

一九九二年底，雅婷很興奮地向晴香說：「我在大姊那裡看到《慈濟道侶》，上面說中壢中山路已經成立慈濟聯絡處了，我們去看看，好不好？」

「當然好啊！現在就去。」

「阿彌陀佛，有什麼可以爲妳服務的嗎？……」她們一走進聯絡處，迎面一位妝扮素雅，穿著藍色洋裝的師姊微笑著說。

寒暄中，師姊問：「妳們是慈濟會員嗎？」

「我有劃撥錢去花蓮，不知道是不是會員？」晴香回答。

「我叫陳淑華，妳可以把善款交給我，將劃撥的費用省下來，讓師父救更多人。」

「嗯！好。」晴香答應每個月底，將一千兩百元善款交給眼前這位待人親切的師姊。有一天，雅婷又興沖沖地告訴晴香：「聽說有慈濟列車可以坐去花蓮看那位師父，我們一起去，好不好？」「好，我打電話問淑華師姊。」晴香向陳淑華表達意願後不久，接到回電，說已幫她們準備了兩張車票。

一挫再挫

當晴香從陳淑華手中接過車票時，突然脫口而出：「我也想跟妳一樣做慈濟。」

「很好啊！那妳要開始『募心』。」

「募心？」晴香一頭霧水。

「會捐款給慈濟的人都是付出無所求的愛心人士，而且證嚴上人說，多一個慈濟人就少一個做惡的人。如果我們可以募到更多人的愛心，那麼人人都是好人，上人要淨化人心、祥和社會的願望，就可以很快實現。」陳淑華耐心地詳細解釋。

「哦！我懂了，募心就是募款，那我不要！」晴香一聽要募款，立刻使勁拒絕，因爲她不知怎麼向人開口勸募？

晴香雖然拒絕募款，但陳淑華的這一句「募心」，卻一直在晴香腦海盤旋，「募心？怎麼募？」她眞的不知道；但晴香心知肚明，自從一趟慈濟列車回來，即使已經過了兩年，眼前仍然經常浮現慈濟師姊頭髮一式盤腦後，穿著藍色滾紅邊旗袍的模樣，那莊嚴相貌及和藹笑容讓她久久無法忘懷。

一天上午九點多，雅婷又來找晴香，而且直接衝到她的臥室。雅婷看到晴香在鏡子前梳頭，便自顧往床上一坐，嘴裡滔滔地說：「阿香姊，這幾天我老是想著師姊們笑咪咪的樣子，慈濟的隊伍好美喔！妳不覺得嗎？」

已梳好頭髮，才要放下梳子的晴香，聽雅婷這麼一說，竟彷彿在鏡子裡又看到了藍色身影的溫柔笑靨，她不覺自言自語：「等我兒子大一點，我也要像她們一樣。」

「等我兒子大一點，我也要像她們一樣。」一句自然流露的心願，就像一顆埋在地裡的種子，終有萌芽的一天。

一個繁星點點、涼風徐徐的夜晚，晴香做好晚餐，在飯桌前等全家一起用餐。等著、等著，便出神地凝視桌上的菜餚，尤其眼前那一大碗剛起鍋的湯，上面的金針菇、青菜還在不停地扭動著。「對呀！」她忽然心靈福至地叫了一聲，她已經想到「募心」

的方法。

徵得先生同意，她開始在社區教導婆婆、媽媽們跳國際標準舞。她要利用教舞拉近與她們的距離，在自然的交談中「募心」。

一個月後，來跳舞的五位媽媽們知道晴香不收學費，就合資買了一只金戒指堅持要她收下，晴香推辭不去，便帶著戒指去找陳淑華，請她將戒指賣錢捐給慈濟，並將賣得的兩千多元平均分配，開收據給那五位學舞的媽媽。

「感恩妳們的愛心……慈濟的師姊說，妳們都是救人的活菩薩。」一個多月後，晴香一面將收據交給她們，一面向她們感恩。

「啊！那一點錢也能救人？」她們不約而同地瞪大眼睛問。

「積沙成塔，師姊說可以，應該不會

二○○六年六月二十日，李晴香在中壢園區佛堂細心準備諮詢會議資料。（攝影：詹秀芳）

錯。」就這樣，晴香順利地募到了她們的「愛心」。有了這令人雀躍的第一步，晴香再接再厲找人說慈濟、募愛心，只是開口幾次都被拒絕了。

她原想，自己的親朋好友總比較好講話吧！沒想到竟然碰了一鼻子灰，於是，她將好不容易募到的四千多元，送去給陳淑華時，一臉黯然地說：「我不要『募心』了。」陳淑華沒有勉強她，只是溫和地笑笑：「好，感恩妳！」

把握因緣

數日後的一個晚上，晴香騎車想去街上買東西，卻不知不覺騎到了慈濟聯絡處門口，她心想既然來了，就上樓禮佛吧！她一上樓，看見許多師兄、師姊席地而坐，專注地聆聽一位師姊分享：「我夢見一朵大蓮花，上人坐在上面說：『因緣錯過了，就不會再回來……』」

晴香好奇地聽完分享，才走下樓就遇見了陳淑華。晴香忍不住對她說：「剛才樓上有位師姊說她夢見上人，前天我也夢見自己站在上人身邊，跟很多人說慈濟喔！」

「這表示上人要妳再去說慈濟啦！」陳淑華笑咪咪地拉起她的手回答。

「可是——」她想到募款被奚落的情形又猶豫了。

「別可是了，月底妳來我家，我拿一樣東西給妳看。」陳淑華篤定地說。

那天早上，太陽特別溫暖，晴香看看家裡沒什麼事，就騎上機車往陳淑華家送自己的善款。陳淑華將善款放進抽屜，隨手拿出一份資料遞給晴香：「這孩子叫林傳欽，因爲家貧而輟學，在玉里一家修車廠當學徒，在一次修車意外中不慎被翻落的大理石壓傷，造成下半身粉碎性骨折、腸子外露、大動脈與大靜脈完全斷裂……被送到花蓮慈濟醫院……」

晴香含著淚水聽完林傳欽的故事，毫不猶豫地哽咽說：「這份資料讓我帶回去，我去『募心』。」

「……你看這孩子，連下半身都沒有，他還坐著小輪椅當小志工，分送餐點給其他病

二〇〇九年六月二十日，李晴香和卓梅玉同搭慈濟列車，陪伴見習志工到花蓮靜思精舍尋根。
（攝影：宋啓德）

人……人生無常，行善要及時……」晴香用講故事的方式說慈濟，再佐以林傳欽的資料，積極展開勸募。被感動的人愈來愈多，她一個月就募到三十多戶會員。一九九六年，她參加委員培訓時，已有一百多戶愛心人家讓她「募到心」。

晴香「募心」的誠懇令人感動，日後她的用心與精進更是教人讚歎。就像她受證慈濟委員後，首先承擔的功能組——交通幹事，除了代訂各功能團體的火車票及領取車票外，還要帶領「慈濟列車」。

仲夏的清晨四點，黎明的曙光尚未穿透雲層，晴香已躡手躡腳起床梳洗……四點五十分，她趕到中壢火車站與其他志工會合，一起陪伴來自桃園各鄉鎮村落的善心人士，搭乘五點零五分開往花蓮的「慈濟列車」。

二〇〇九年六月二十日，李晴香陪伴見習志工回花蓮靜思精舍尋根。她時常帶領慈濟列車，也在車上帶動念佛。（攝影：詹秀芳）

上車後，志工們協助大家找到各自的座位，一一安頓好之後，爲使列車氣氛寧靜，晴香起音帶大家念佛：「南無阿彌陀佛——」沒想到這一聲佛號竟然價值不斐。

原來，列車上有位老太太，被晴香渾圓、磁性的唱腔深深吸引，當下即感性地對晴香說：「我回去捐十萬元給慈濟，但在我往生後，妳要來幫我念佛，我喜歡聽妳念佛。」

「好啊！感恩妳。」晴香不假思索地答應。

三年後，她將交通幹事傳承給其他志工，慢慢也就遺忘了這件事。晴香雖然忘記老太太的心願，但沒有忘記梵唄的莊嚴與唱誦時的感動。

十萬元佛號聲

從晴香開始當見習志工，無論訪視個案或共修、助念、告別式，陳淑華都帶著她，希望她盡快熟悉慈濟事務，而中壢聯絡處每月初一、十五的禮拜〈法華經序〉更不例外。

晴香第一次從禮拜〈法華經序〉中，聽到引磬清脆的「錚錚」聲，內心爲之一震，彷彿沉睡的心靈突然被喚醒；尤其木魚沉穩的「叩叩」聲，更安定了她紛亂的思緒，自然而然地跟著唱誦……在梵唄的莊嚴氛圍裡，她竟不知不覺掉下淚來。

慢慢地，她不只學會了打引磬、敲木魚，更因爲她的美好嗓音與學習用心，而獲得資深「領眾（又稱維那）」志工莊錦鳳的指導，在熟悉了梵唄中難度較高的〈爐香讚〉後，晴香也能夠在禮拜〈法華經序〉、《普門品》等經文時「領眾」了。

「爐香乍爇　法界蒙熏　諸佛海會悉遙聞……」十一年後的一個早晨，晴香正在家中佛堂禮誦〈爐香讚〉。

「鈴——鈴——」她口袋裡的手機鈴聲響起，俟唱誦告一段落，她才檢視未接來電，原來是龍潭的志工王瑛娟。她回撥電話給瑛娟。

「多年前，妳是不是在慈濟列車上答應一位老太太，她往生後要去爲她念佛？」電話彼端傳來瑛娟溫柔的聲音。

「嗯——是有這件事，可是我並沒有收到她要捐給慈濟的十萬元呀！」晴香想了想回答，腦海同時浮起列車上那位慈祥老太太的虔誠眼神。

「那位老太太前幾天往生了，往生前還一再交代兒子，一定要找到『李師姊』來幫她念佛，她兒子不知道誰是『李師姊』，但找到我。我想，她說的應該是妳。」

「可是我不知道她住哪兒？」晴香著急地說。

「當時是蔡林樟師兄的媽媽邀她一起去坐慈濟列車的，妳可以打電話問蔡師兄。」

經過聯繫，晴香才知道那位老太太果眞自花蓮回來，就捐十萬元給慈濟，錢是蔡林樟匯回慈濟功德會的。

得到證實後，晴香立刻趕到老太太家，肅穆地站在遺像前，虔誠地爲她念佛，祝福她往生淨土，並爲自己沒來得及在第一時間趕到她身邊祝福，鞠躬致歉。

「妳念佛的聲音很好聽，難怪我母親念念不忘！謝謝妳。」晴香向老太太遺像鞠躬準備告辭時，老太太的兒子由衷地說。

二〇一五年浴佛節活動，李晴香在中壢園區爲與會法師導覽靜思精舍德慈師父手繪陶甕的禪定精神。
（攝影：丘亭）

晴香令人念念不忘的，除了莊嚴的佛號聲，還有她在歲末祝福、節慶活動的稱職主持。由於事前的充分準備，讓她從親切的開場到報幕介紹、流程引導等等，無不順暢、活潑、風趣，又能將《靜思語》巧妙融入時事、故事中，讓與會者能夠很快地入心，甚至朗朗上口。

又是歲末時節，晴香在中壢聯絡處值班。

「鈴鈴——」她拿起電話聽筒：「佛教慈濟功德會，您好！」

「我想加入慈濟。」電話彼端傳來輕柔的女人聲音。

「很歡迎！請問妳是怎麼知道慈濟的？」

「我是參加一位親戚的告別式，看到你們的隊伍好美！尤其那位起音帶動念佛的師姊，她的聲音好好聽喔！」女人接著說：「哦！對了，我另一個親戚說，慈濟每年都有溫馨的歲末祝福，我也想參加，今年是哪一天？」

晴香親切地一一答覆後，輕輕掛上電話，想到當年雅婷的讚歎、老太太的預約念佛，不禁會心一笑：「是啊！慈濟的隊伍眞的好美！二十多年來，我有幸身在其中，有師父的諄諄教導，有志同道合的志工們相互勉勵，心靈越來越感到充實、美好；而阿祥和我又先後圓滿榮董，夫妻同行菩薩道，家庭圓滿幸福，這樣的人生，還有什麼好奢求的呢？」

捕捉感動的映像——吳木的故事

文◎徐淑靜

二〇〇七年一月六日，吳木於歲末祝福執行勤務時的身影。（圖片提供：桃園桃鶯人文真善美圖像組）

【吳木小檔案】

一九四五年生於桃園縣觀音鄉。一九九一年受證慈濟委員，委員號二〇四六；二〇〇一年受證慈誠；二〇〇二年，承擔桃鶯和氣文化三合一（人文真善美的前稱）功能窗口，為桃園區資深人文真善美志工。做人處事嚴以律己，寬以待人。認為行菩薩道沒有捷徑，來慈濟「做，就對了」。二〇一〇年八月，因肺腺癌復發而往生。

坐臥在病床上的吳木，半瞇著眼睛看著窗外清晨初透的微曦，繽紛的記憶好似開閘的洪水般，滔滔湧洩……

那是一個戰後回歸祖國的窮困年代。晨曦時分，吳木匆匆扒完地瓜籤飯後，熟稔地將便當盒用小方巾連同書本包起來，斜背在身上，赤著腳，帶著弟妹跟隨父親吳敏貴的腳步踏出家門。走到岔路口，父親荷著鋤頭逕自往田埂走去，吳木則帶著弟妹往草漯國小方向前進。

吳敏貴每天天還未亮就扛著鋤頭出門，辛勤耕作種田養家，含辛茹苦地拉拔六個孩子長大，只是任他怎麼努力工作，也僅夠全家溫飽而已，遇到孩子要繳交註冊費時，就得到處向親友籌措學費。家裡的種種困境，身爲長子的吳木看在眼裡，但卻無法幫上忙，只能盡本分地做弟妹們的好榜樣，減少父母操心。

校長的身教

一九五八年純樸的觀音鄉下，世代務農的村落，發生了振奮人心的事。

「聽說今年村裡有好幾個孩子都考上省立初中……」

「我聽說了，張奮飛校長的兒子張讚淮，還有吳敏貴的長子吳木……」

「敏貴啊！你們吳木眞不簡單，個頭小小的，沒想到頭腦這麼聰明。」

村民們與有榮焉般，你一言，我一語，津津樂道地談論村裡發生的好事；但一旁的吳敏貴卻彷彿事不關己般地埋著頭除草，臉上絲毫看不出半點以兒子爲榮的喜悅神情。

晚飯過後，吳敏貴一如往常地坐在家門口的長條椅子上納涼，聽著黑夜中的蛙叫蟲鳴，舒緩白天辛勤工作的疲憊。這晚，他一邊搖晃手中的扇子，一邊思忖著：「讓他繼續讀書嘛！那龐大的註冊費要如何籌措？不讓他去讀，不僅可以不用爲昂貴的學費發愁，還可以讓他幫忙賺錢養家……」

「唉——」內心的掙扎讓他不自覺地長長嘆了一口氣，眉宇間緊皺成一個川字。

數日後的一個晚上，用完晚飯後的吳敏貴並沒有像以往一樣到庭院乘涼，而是把吳木叫到房間裡，從五斗櫃裡翻出了一個小布包，放到吳木的手中，語重心長道：「我就是沒讀書，大字不識一個，才會這樣沒出息，只能一輩子種田，讓一家人過苦日子，如今再怎樣苦，也要讓兒孫有出息。」

握著父親遞給自己的小布包，吳木知道那是他一點一滴積攢下來要買豬仔的錢，看著父親走出房間的背影，吳木喃喃地說：「我不會讓您失望的。」

緩緩爬上天際的朝陽，和煦地照著大地，草漯國小張奮飛校長一早帶著兩個理著小平頭，一臉青澀的男孩在公車亭等車。輾轉來到中壢高中校門口時，已是豔陽高照。這一天是學校新生註冊的日子，一入校門口就有指示牌引導新生註冊的流程。當吳木依著順序準備要繳服裝費時，只見他神色緊張地反覆摸遍所有的口袋，卻僅剩下回家的車錢。

「怎麼了？」見吳木慌張的神情，張校長趕緊走過來關心。

「我沒錢繳服裝費。」瞭解之後才知道吳木少帶了服裝費，而校長自己身上也沒帶那麼多錢，但他仍鎮靜地安慰吳木：「不用擔心，我來想辦法。」便轉身匆匆離開，丟下一臉不知所措的吳木。

盛夏的太陽將柏油路面曬得發亮，熱氣從地面上竄出，刺眼的陽光、燥熱的空氣，在在都令人窒息。一個多鐘頭過去了，站在穿堂等待的吳木焦急地望著校門口，期待那熟悉的身影能趕快出現。

當張校長再度出現在吳木面前時，他灰色的中山裝早已被汗水濕透，顧不得擦拭額頭上豆大的汗珠，趕緊從口袋裡掏出向友人借來的錢，讓吳木順利完成註冊手續。張校長對晚輩照顧呵護之心，讓無助的吳木除了感激之外，更多的是對他那分熱心助人的感動，當下，小小心靈便種下了「我以後也要像他一樣幫助別人」的慈善種子。

夫妻同心

一九六八年，吳木順利考進中華電信，隨後考上中原大學工業工程系，以半工半讀的方式完成學業。後經同事介紹，認識了國小老師沈聯珠，兩人於一九七四年結婚。

幸福的日子，平順的人生，並沒有讓吳木因此而志得意滿，反而讓他更珍惜所擁有的一切，同時他也時時記得曾經受人幫助的恩情。他將對張校長湧泉以報的心，轉移給有需要的人，因此只要看到電視或報紙上報導哪裡有人需要幫助，吳木一定會毫不猶豫地匯款幫助。

放學的鐘聲一響，孩子們便迫不及待地往外衝，而學生家長陳素圓卻滿臉笑意地走進教室，對著正在收拾教具的老師打招呼。

二〇〇六年五月十四日桃園靜思堂浴佛大典，吳木（中）與陳桂林（右）、陳國麟（左）合影。（圖片提供：桃園桃鶯人文真善美圖像組）

「沈老師，我想和你分享花蓮師父的教育理念。妳看這篇……」陳素圓將手上拿著的《慈濟道侶》半月刊遞給了沈聯珠。就這樣，陳素圓經常利用到學校接小孩上下課的時候，向沈聯珠介紹慈濟和證嚴上人的「靜思語」，而沈聯珠回到家後，也會和吳木分享有關證嚴上人和慈濟的一切。

由於認同證嚴上人的理念，及其所創建的慈濟世界，吳木和沈聯珠不只與同事分享慈濟，夫妻倆更經常在晚上忙完家事後，騎著摩托車到親戚朋友家串門子介紹慈濟，幫忙勸募善款。

一九八九年沈聯珠隨陳素圓到花蓮參加慈濟全省委員聯誼會。從花蓮回來後，沈聯珠便開始籌辦成立「桃園教師聯誼會」，草創之初的所有工作，包括會務的推動、成員的招募、靜思語教學設計與推廣等工作，她都一肩挑起，而吳木總在幕後默默地給予協助。

「沈老師，那位照相的師兄好精進喔！每次活動都看到他忙進忙出的，他是哪個學校的老師啊？」有一次在教聯會的課程研習活動中，林秀卿老師見吳木一會兒幫忙報到、發講義，一會兒調音控，一下子又見他拿起相機幫忙拍照，好奇地問沈聯珠。

沈聯珠的視線順著林秀卿手指的方向瞄了一眼說：「他是我家師兄，不是哪個學校的老師。」語畢，引起在場的人哄堂大笑。

二〇〇六年四月二十二日，慈濟四十周年慶活動現場，吳木（左）與攝影志工梁義順（右）合影。
（圖片提供：桃園桃鶯人文真善美圖像組）

如夢似眞

隨著沈聯珠推動教聯會工作，一向寡言的吳木不只一路陪伴，做她最有利的後盾，更是一路記錄桃園教聯會成立的歷史足跡，每每忙到三更半夜才就寢；今夜更是累到身體一著床便昏昏沉沉地睡去，迷濛中看見遠處一道微光，他不自覺地朝它走去……

走在青翠秀麗的楓林小徑，悅耳的鳥叫聲，空氣中飄蕩著甜雅的香氣，吳木怡然地沉醉在大自然的懷抱中。忽然，一個身著灰袍的瘦弱比丘尼，不疾不徐地從他身旁走過，吳木好奇，一路緊緊跟隨他的腳步……腳步最後停在一間灰白素雅的日式建築物前。

一早醒來，吳木感覺特別神清氣爽，昨夜的夢境清晰地印在腦海中，他試圖要解讀夢境中的意涵，但妻子的催促，讓他不得不加快梳洗的動作，準備上班。傍晚下班後，才入家門口，便見妻子與陳素圓坐在客廳聊天。

「師姊邀我們一起回花蓮拜見師父。」吳木還未坐定，沈聯珠就迫不及待地將陳素圓來訪的目的告訴他。

「哦！好啊！」吳木二話不說地應允，心想一定要親眼見見這位自力更生，又四處濟貧的師父。

一九九一年，吳木、沈聯珠跟隨陳素圓前往花蓮參加全省委員聯誼會，這是吳木第一次來到花蓮。一行人走著走著，一股熟悉的感覺突然湧現，霎時間，吳木突然不可思議地驚見夢中灰白素雅的日式建築物，竟是「靜思精舍」。

大殿前，身形單薄的證嚴上人一臉莊嚴地開示，提到早期信眾出門買菜前，日存五毛錢，錢雖微薄，但讓人日日存有一顆救人、愛人的心。「隨手做愛心」的法音盈滿整個空間，讓吳木的心爲之震撼。夫妻倆在拜見上人後，即受證爲慈濟委員，回桃園後更積極推動慈濟志業。

夜幕低垂，晚飯過後，吳木騎上機車載著沈聯珠到組長周淑卿位於桃園市廈門街的家，參加每個月的例行月會。

「吳木師兄，今天的會議紀錄要麻煩您了。」周淑卿於月會開始前提醒吳木。

剛開始，吳木總是仔細地聆聽，用心地把每一次開會紀錄做完整，漸漸地，他覺得光是有書面紀錄是不夠的，喜歡照相的他，心想，若能將慈濟人認眞、用心的畫面也留下紀錄，內容就會更生動。於是，爾後參與各項活動時，他除了用筆記錄外，更會揹著結婚時用分期付款買來的照相機，捕捉一些感人的畫面，並加註圖說，附在紀錄後面，做成一份份完整的檔案。

二〇〇二年，桃園區慈濟志工因應組織社區化重新編組，吳木毅然地承擔起所屬的桃鶯和氣的文化三合一（人文眞善美的前身）功能窗口。爲了配合大愛臺畫面的需要，不懂錄影的他，除了參加大愛臺的課程訓練，學習透過錄影及後製剪輯呈現慈濟人文的深度外，也積極尋覓、培訓三合一的專業人才，更毫無保留地傳承技術，提攜後進，以「母雞帶小雞」的方式，帶著新加入的志工參加各種研習課程。

用心即專業

桃園市永安路七樓慈濟桃園支會，正在舉辦每個月一次的「兒童精進班」親子課程，吳木專注地在執行錄影勤務，拍攝小朋友與高采

二〇〇七年一月六日，吳木（右）與陳明麗（中）於歲末祝福感恩會後，採訪參加活動的會眾。
（圖片提供：桃園桃鶯人文眞善美圖像組）

烈地跟著隊輔媽媽的團康帶動，手舞足蹈地扭動小身軀。

尙在培訓中的攝影陳師兄，跑過來在他耳邊嘀咕道：「每次出勤務，所拍攝的人物、場景都大同小異，拍久了，就缺乏新鮮感，也找不出較爲突出的主題可以拍。」聽到這話時，吳木轉頭看他一眼，並沒有馬上反駁他，只是露出招牌笑容回應。不料，陳師兄又接著說：「吳師兄，我覺得在慈濟實在沒什麼好拍。」

等到中場休息的時候，吳木主動找陳師兄聊天：「慈濟不同於一般的團體，慈濟是很有人文的，上人說，每個人身上都有一部經。」閒談中，分享了自己的認知，「在制式的活動中發覺、記錄身旁感人的故事及感動的點滴，如何拍出那分人文特質，拍出人與人之間的互動與感動畫面……都是値得每一個人文眞善美志工用心去體會與學習的。」

短短的一席話，敲醒了陳師兄對慈濟攝影的觀念與態度，讓他在攝影的領域內，無論是拍攝人、事、物時，都有更深層的認知，能更用心去觀察與體會。

二〇〇五年各社區推動開拍「勤耕福田」的人物專題，主角楊金枝提及小時候對歌仔戲的喜愛。爲了要在影片中呈現早期露天野臺歌仔戲的情境，吳木到處打聽有哪個地方有在演野臺歌仔戲，總算讓他在龜山的壽山巖找到了。當天他在那兒待了整個晚上，拍攝野臺歌仔戲的場景，最後經過他精心的後製剪輯後，畫面占不到十秒鐘。吳木做事的嚴謹與用心，由此可見。也因爲這樣的態度，讓他在拍攝時，經常爲了一個鏡位，要換好幾個角度和位置，爲的就是展現慈濟人文之美和感動。

隨著各項活動的推展，吳木所參與的錄影勤務更加多元，而活動過後，後製、剪輯更是一件很耗費時間及精力的工作，退休後的他整日坐在電腦桌前面，盯著兩臺電腦螢幕，不斷地重複看影片，修修剪剪，在漫長的影片驗算中，才得以起身走動走動，休息一下，喝口茶。

如此長時間的精神、體力過度使用下，二〇〇九年五月吳木因身體不適到新店慈濟醫院就診，檢查出罹患肺腺腫瘤，經過治療，病情稍獲控制，返家休養。二〇一〇年七月，舊疾復發，緊急送醫急救，不幸於八月二日往生。

「團隊的『合心』是最重要的，在慈濟的修行團體中，必須要拋開個人的成見，來成就整個團體。」告別式的追思會上，吳木平時的叮嚀仍迴盪在每個慈濟人的心中，「在制式的活動中發掘感人的故事、拍出感動的畫面……」都是値得每一位人文眞善美志工用心去體會與學習的。

阿母的願望——蔡烈煌的故事

文◎李英珠

每個月兩次的環保日，蔡烈煌一定手戴貼膠手套，腳穿雨靴，帶著女兒準時到環保站報到。（攝影：李英珠）

【蔡烈煌檔案】

一九四〇年一月十七日生於臺灣臺南，十個兄弟姊妹中排行第五，父親蔡德音是漢文教師，日據時代在軍中當翻譯，母親是家庭主婦。一九八〇年定居日本，為圓滿媽媽的願望而加入慈濟，一九九八年受證慈濟委員，委員號六九六三，法號慈音，同年跟隨德旻師父到中國大陸湖南賑災；因九二一學校重建工程而回臺定居。

「這領旗袍遮呢水，還擱有這隻船金熠熠，毋知佇佗位買的？我想欲買乎阮查某囝。（臺語，意思是：這件旗袍這麼漂亮，還有這隻船亮晶晶，不知在哪裡買的？我想要買給我女兒。）……」林月珠阿嬤眉開眼笑地問前來關懷的慈濟志工。

「阿嬤，這領衫要受證才可以穿……」志工回答。

「我在美國參加慈濟長青手語隊，有一領這款的旗袍，就是沒有這隻船……」一九九八年，林月珠癌末住進了花蓮慈濟醫院心蓮病房，這一天志工顏惠美帶領幾位穿著旗袍的志工來關懷，月珠阿嬤看到金熠熠的法船，心中很是歡喜，再次眉頭舒展地對眾人說道。

月珠阿嬤長年定居美國，一九八九年底在洛杉磯的街上，看到一群身穿藍色上衣，白色長褲的華人在關懷非法移民，又聽到他們用臺灣話交談，引起她的好奇，幾經瞭解後，才得知他們是來自臺灣花蓮的慈濟志工，這也讓她回想到，曾經在《人間》雜誌上看過介紹證嚴上人的慈濟世界，而引起她的注意。

萬里追尋

隔沒多久，林月珠打電話給居住在臺灣的女兒，「美音，我佮你爸爸最近要回臺灣，阮要去花蓮，妳先幫忙訂花蓮的旅館。」

「什麼事那麼愼重，一定要專程從美國回來一趟呢？」蔡美音好奇地問。

「前一陣子看見慈濟志工在洛杉磯街上關懷非法移民，他們身段柔軟、態度親切，佮移民們感覺就像親人仝款……」林月珠描述她的感動，更好奇證嚴上人是否就像雜誌上所介紹的一樣，「所以我想要多瞭解慈濟，一定要回來拜見證嚴上人。」

一九九〇年初，林月珠偕同老伴蔡德音回到臺灣，爲了陪伴父母，美音也邀約了其他兄弟姊妹，一行十來人分坐兩部車，造訪花蓮靜思精舍。

不料，到了花蓮之後，蔡德音血壓突然升高，還未到靜思精舍拜見上人，就先住進了花蓮慈濟醫院。

「我的爸爸、媽媽特地從美國回來，要拜訪證嚴法師。」在等待父親血壓穩定時，美音向志工表達一家人的來意。

聞言，志工熱心地表示，「今天是慈濟護專周年慶，上人親臨會場，我帶你們過去。」

來得早，不如來得巧，一行人來到慈濟護專，運動場上熱鬧滾滾，志工們都去參加接力賽，證嚴上人正坐在司令臺上觀看場上的比賽，見志工引領他們走過來後，上人親切地招呼大家過去。

「法師，爲了瞭解慈濟，我和老伴特地從美國回來拜訪您。」林月珠說明來意後，美音把握難得殊勝因緣提議道：「我們可以和您合影留念嗎？」

「好啊！那就一起上來司令臺拍合照。」上人平易近人的親和力，讓這一家人印象深刻。

此趟花蓮之行，一家人無不對證嚴上人或是他所創辦的慈濟世界，都有更深入的瞭解。

隔年，大年初一，林月珠又帶著全家人

蔡烈煌（左）與父母在桃園虎頭山公園合影留念。（圖片提供：蔡烈煌）

到靜思精舍向證嚴上人拜年。

德慈師父得知蔡烈煌定居日本，就說日本分會成立不久，正缺少人手。

「我們烈煌很會打毛線、做手工藝品，不如就讓她到分會幫忙。」內舉不避親，林月珠向德慈師父推薦自己的女兒。

「好啊！我可以到分會教大家利用棒針或鉤針來製作毛線衣、毛線帽、手套之類的織品；或者利用紙類來製作花朵、飾品……」蔡烈煌得以展現自己的手藝，也饒有興致地附和著。

蔡烈煌心想，既然答應要做的事情，就一定要好好地做，於是當她回到日本後，就將自己工作的地點轉換到距離日本分會較近的地方，方便利用下班或者假日到分會做志工。

就在蔡烈煌投入日本分會努力做慈濟的同時，長年居住在美國的林月珠，也經常到慈濟會所幫忙摺文宣、傳單，同時參加長青手語隊，母女一東一西地護持慈濟。

雖出生於富有人家，但林月珠看到弱勢的人，都很樂意幫忙，現在踏上做慈濟這條路，她更加珍惜，總是對孩子們說：「能幫助人眞的很好，我覺得上人的理念和我想做的事很契合，這也是我堅定要做慈濟的原因，如果可以的話，希望你們也能跟著上人的腳步走。」

「可是我是天主教徒啊！」不同信仰的孩子們提出反駁。

「憨囝仔咧(臺語)！你要救人的時候，難道對方是天主教徒才要救嗎？」林月珠反問孩子，並說道：「救人無需要分宗教。」

參與希望工程

一九九九年九月二十一日，臺灣發生大地震，當時人在美國的蔡烈煌，接到妹妹蔡美音的電話：「姊，這次的地震很多學校都震垮了，上人說『孩子的教育不能等』，爲了不影響下一代的教育，上人接了很多所學校的興建工程，現在急需大批志工參與，妳趕快回來幫忙吧！」

「好，沒問題！」掛斷電話後，蔡烈煌便著手準備回國事宜。

數日後，蔡烈煌帶著女兒王克芬飛回臺灣，母女倆一起投入九二一學校援建工程行列。

「克芬、克芬，該起床了！」清晨四點多，蔡烈煌輕拍著熟睡中的女兒，輕聲喚著。

「天還這麼暗，妳幹嘛叫人家起床？」王克芬一臉不情願地向母親抗議。

「說好的今天要到大成國中幫忙蓋學校，妳忘了？那地方很遠咧！所以要早一點出發。」蔡烈煌耐心地哄著，「等一下車上還可以睡。」

克芬是蔡烈煌的大女兒，在兩、三歲時，因爲發燒導致智力發展較遲緩，雖然已經成年了，但蔡烈煌一直帶在身邊看顧。

七點多了，蔡烈煌和女兒一上車便緩緩進入夢鄉，在睡夢中隱約聽到領隊的志工喊道：「起床囉！大成國中就在前面，我來介紹一下大成國中的地理環境和學校校

在桃園市大豐環保站，做完一天的環保工作後，蔡烈煌（左）替女兒王克芬（右）擦拭雨靴上的髒汙，呵護女兒的心，溢於言表。
（攝影：李英珠）

史……」蔡烈煌睜開眼睛往前看去，只見前面一片狼籍，整片圍牆全部倒塌，鋼筋裸露，瓦礫及碎石堆滿地，整個操場都塌陷在地底下，形成一個巨大的窟窿。汽車只能停在外面，大家下車走進去，領隊志工先做工作環境介紹、叮嚀注意安全及分配工作。

雖然已是秋天，但秋老虎發威，中臺灣太陽炙熱無比，蔡烈煌和女兒一組，她們頭戴著斗笠，手上套著棉紗手套，母女倆一下子扛木頭，一下子搬磚塊、搬石頭、搬被震垮的廢棄物……

蔡烈煌從小沒做過粗工，也不曾在烈日下工作，突然大量勞作，身體根本不堪負荷，尤其與號稱力氣大的「中國強師姊」劉東菊配合時，簡直連休息喘口氣的機會都沒有。

然而，聽到其他志工左一句「幸福了」，右一句「感恩喔」的歡喜聲，踏實的感覺填滿心胸，蔡烈煌心想：既然來了，就好好地撐下去吧！就這樣日子一天一天流逝，撐過了三天，一個禮拜，甚至一個月都過去了，蔡烈煌母女倆回到暌違已久的家，已是一個多月後了。

花木扶疏，校園優美一直是集集國小給人的第一印象，即使經過大地震之後還能想像她當初的美，「黎明即起，灑掃應對進退」已經不再是古訓，蔡烈煌母女每天就是過這樣的日子，她們都做到了。從參加蓋集集國小重建工程的香積組開始，不管是最初睡在舖著紙箱的地面上，還是借住當地志工家，或是住臨時組合屋裡，每天都要準備兩、三百人的餐點，母女倆每天早起掃地、排桌椅、擦桌椅、揀菜、洗菜、洗碗盤……

中餐過後，碗盤清洗完畢，桌椅也整理就緒，應志工素珠的邀約一起去摘野菜，過午時刻，太陽毫不留情地釋放著熱情的能量，一群人頭戴斗笠，人手一個袋子或一只菜籃，頂著熱氣邁步向前走。

「媽媽，天氣好熱，快受不了了！」

「克芬乖，忍著點，很快就到了……」蔡烈煌看著帶頭的志工，都走了大半天了，似乎沒有停下腳步的可能，只好先安撫著女兒。

一旁的素珠也安撫著大家：「就快到了，在前面……」

繼續往前走過一段羊腸小道，上了個坡地，來到了一片墓園……

「哇！從小到大我不曾摘過野菜，什麼山茼蒿、山芹菜、鳥仔菜……我根本不認得……」蔡烈煌興奮地邊採野菜，邊好奇地請問其他志工各種野菜的名稱。

人多好做事，很快地就將一片墓園裡的野菜摘採完畢，大家隨即趕回去揀菜、洗菜、準備餐點，日復一日，重複著同樣的工作，一個月又匆匆過去了……

隨著時間的飛逝，一座座美麗的校園陸陸續續地興建完工。

傳承美善

這天蔡烈煌拿著鋤頭將泥土打鬆、挖洞、栽植草皮，泥土裡的石頭也都要一一撿起，長久持續地弓著身子，讓她腰都挺不直了，「媽媽，您怎麼了……」克芬見狀關心地問。

蔡烈煌將撿起的石頭丟進畚箕後，望了望滿臉疲憊的女兒一眼，強打起精神道：「沒什麼，我們快一點做好，就可以早一點休息。」

坐在矮凳上，蔡烈煌邊搓揉發腫的腳踝，心裡邊嘀咕著：「這次來工地好像沒發生什麼事，爲什麼這幾天腳踝這麼腫，又使不上力。」

「師姊妳腳怎麼了?有沒有看醫生?多久了?」耳邊突然傳來關心的詢問聲。

「可能扭到吧!還沒看醫生，已經三天了!」蔡烈煌忍痛回答。

「師姊，我幫妳看看……」只見志工熟稔地用手指按一按關節，再拉起腳趾頭轉一轉，用力拉拔腳趾，ㄆㄧㄚˋ一聲，隨即說：「師姊，妳站起來走走看……」

蔡烈煌使力地試著站起來，往前走了幾步，整個心豁然開朗，幾天來的痛感都不見了。

「叩!叩!叩!」星期日的清晨，外面下著雨，蔡烈煌邊敲著房門，邊拉開嗓門：「克芬，起床了，今天要做環保，妳要趕快起床!」

「可是天還這麼暗……」克芬睡眼惺忪地望了仍是一片黑的窗外，撒嬌地想賴床，「人家還想要睡一下啦!」

「不行，下雨天說不定人會比較少，如果回收物多，我們就要做很晚，所以要早點去才對啊!」蔡烈煌耐心地開導女兒。

在學校重建工程完工後，只要是環保日，蔡烈煌母女倆一定手戴貼膠手套，腳穿雨靴，全副武裝地來到住家附近的大豐環保站。剛開始蔡烈煌帶著克芬學習資源分類，等到她可以獨當一面時，再耐心地教她其他的工作。每次分類完畢，蔡烈煌一定先幫克芬清理手套和雨靴，再將其他環保志工換下來的手套一一刷洗乾淨、曬好、地板清理好，之後才放心做其他的事。

每天晚上，當大家正沉迷在電視八點檔連續劇的劇情時，克芬卻早早準備好裝備，一聽到外面〈少女的祈禱〉的音樂響起，就丟下一句：「媽媽，我去做資源回收了！」蔡烈煌也習慣地回答：「克芬！小心點喔！」

「好的，媽媽再見！」從容下樓的克芬，來到住家附近延平公園邊與志工一起做資源回收，以往蔡烈煌都會一起去，但最近腳關節一直不聽使喚，醫師一再警告她少走動才會好，所以沒陪女兒出門。

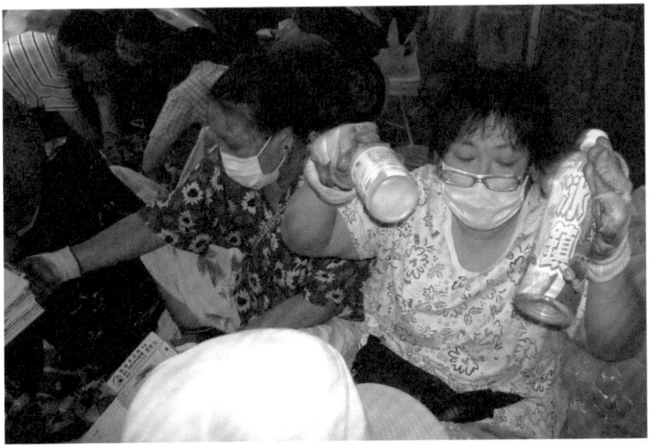

讓蔡烈煌感到欣慰的是，發展遲緩的女兒克芬（右）在自己一路耐心的教導與陪伴下，回收分類已經做得很到位。（攝影：李英珠）

發展遲緩的克芬在母親一路耐心教導與陪伴下，現在已經會自己搭免費公車到拉麵店上班，每週二、五晚上在延平公園做資源回收，每個月的環保日在大豐社區做資源回收，每月兩個週四下午固定到桃園郵政總局做資源回收；這些行程克芬從來不會錯過，她已經是慈濟受證的環保志工，這讓蔡烈煌感到十分欣慰。

每當夜闌人靜，在蔡烈煌心裡總會出現一個畫面……

「媽媽，我已經是慈濟委員了！」一九九八年蔡烈煌從日本回臺灣受證慈濟委員，受證結束後，她迫不及待地來到心蓮病房向母親稟報。

病床上的林月珠，靜靜地凝視著站在病床邊的女兒，端詳了半晌，稱讚道：「眞水，妳穿著這領旗袍，還擱有這隻船，金爍爍，眞水！妳梳著慈濟頭眞好看，這是妳努力得到的，眞好，要好好地做喔！」

因爲阿母的願望，蔡烈煌投入日本分會教授手工藝；納莉風災後，到大愛電視臺清洗被水淹過的影視資料帶；參與九二一希望工程之後，又回到社區量血壓、做環保等等，而今她也要將阿母的願望傳承給自己的女兒，帶著女兒克芬一步一腳印地踏實做慈濟。

轉念

一

【輯四】／無用是大用

小女人大腳印——蕭春鳳的故事

文◎鄭善意

二〇一一年六月十四日，蕭春鳳在中壢園區入經藏，預演〈日出東方〉。（攝影：羅兆亭）

【蕭春鳳小檔案】

一九四〇年出生於桃園縣中壢市，育有一女三男。一九九一年受證為慈濟委員，法號慮珍。無論在家裡或做慈濟，性格堅毅的她，都靜靜地聽別人說話，默默地做好分內的事，盡量縮小自己。這位身材清瘦的小女人，在面對人生接連而來的「金融風暴」中，仍不放棄做慈濟，憑著一股對志業精神的堅持，用心投入環保，跨出人生的大腳印。

早上八點，蔚藍的天空綴著幾朵白雲，似棉絮般輕輕地、慢慢地飄呀飄地；柔和的陽光下，微風徐徐，空氣顯得特別清新宜人。

一輛黑色豐田驕車從平鎮山仔頂出發，平穩地在人車川流不息的街道上行駛，朝著中壢殯儀館方向前進。開車的是一位身著慈濟旗袍，打扮素雅的五十多歲婦人，車內坐著的四位乘客中，有兩位的妝扮與駕駛一模一樣，都是慈濟委員；另外兩位則是淺灰上衣，搭配著白色長褲的社區環保志工。

「上人說，能做就是福。」車上最年長、身型清瘦的蕭春鳳首先開腔：「上人說，要廣結善緣。今天很感恩妳們能來送老人家最後一程。」

一旁較年輕的劉桂香語帶調皮地笑著接腔：「上人說，能付出的人是最有福氣的人。感恩師姊讓我們今天有這個機會結好緣。」話一說完，五個人各自會心一笑。

「歹勢啦！我七歲就沒有媽媽，所以總是將上人的話當作媽媽的話，特別愛聽，也很自然地就脫口而出了！」蕭春鳳意會到師姊們的「笑意」，隨即靦腆一笑，然後柔柔地解釋。

「蕭師姊，別不好意思，我們都很愛聽妳的『上人說』。」大夥兒不約而同地答。

七十歲的蕭春鳳，文文靜靜地，很少說話，但只要一開口，一定是「上人說……」。

病床上聞法

「這世人爲啥咪會做查某人？（臺語，意思是：這輩子爲什麼會當女人？）因爲少修五百年……」一九八七年，蕭春鳳因病到臺北市吉林路的大愛婦產科住院。次日，一位法師柔和的講經聲從隔壁床婦人的收音機裡播放出來。

「做查某人是因爲少修五百年……」這句話讓蕭春鳳想起自己的身世。母親在她七歲時便因病往生，不滿百日，父親再娶，新媽媽接著又生了一男一女，使得這原有六個兄弟姊妹的家庭更加熱鬧了。排行第五的蕭春鳳才八、九歲，就得協助繼母照顧她的兩個孩子，還得幫忙做家事，因此讀完小學就沒再升學。

蕭春鳳慢慢長大後，父親又說：「查某囡仔乖乖在家做家裡的事就好。」所以，結婚前的她都不曾出外工作。

她十七歲那年，繼母因心臟病往生，自己又罹患找不出病因的怪病——全身不是這裡痛，就是那裡痛，而且精神渙散，食不下嚥，以致面黃肌瘦，雖然兩年後這些情況改善了，卻留下身體瘦弱的後遺症。

二十三歲出嫁後，不僅生兒育女，還要操持家務，幫忙賺錢……現在又因婦女病躺在醫院的病床上，她感慨自己是個女兒身。

「這是哪一位師父？說得這麼好！」躺在病床上被觸動心弦的蕭春鳳好奇地問隔壁床婦人。

「聽說這位師父住在花蓮，每個月都會到這家醫院對面的七樓講經。」婦人親切地回答。

第三天傍晚，隔壁床婦人帶著蕭春鳳來到吉林路的慈濟會所，希望有緣謁見法師。

敲門後，出來開門的小姐客氣地說：「師父不在，您們要進來坐嗎？」

婦人表明既然法師不在，就不打擾了。臨別，小姐恭敬地交給她們每人兩張劃撥單，然後在感恩聲中輕輕關上大門。

「師父可能回花蓮去了。」回醫院的路上，婦人閒聊著：「明天我就可以出院，妳還要住幾天？」

「四天。」蕭春鳳的內心有些失落地看著手上建設基金——蓋醫院及濟貧基金的劃撥單，一邊簡短地回答，一邊思索著：「就這兩張薄薄的紙，難道我與『花蓮師父』的緣就這麼薄？這位太太明天就要回去了，那我不就聽不到師父講經了？」

「可不可以請妳先生幫我買收音機？」回到病房，蕭春鳳立刻向婦人請求。稍晚，一臺嶄新的小收音機已靜靜地擱在病床旁的小桌上。往後的日子，這收音機就成了蕭春鳳精神資糧的供應站。

出院回家後，識字不多的她，將手上的兩張劃撥單託兒子到郵局辦理劃撥，因為一時沒想到要將劃撥帳號抄下來，此後與慈濟的緣就像斷了線的風箏。

再續前緣

隔年，蕭春鳳被倒了會錢，加上先生水電工程的生意清淡，兩個兒子又正在求學，導致家庭經濟捉襟見肘。住在市場旁的二姊，便將騎樓一個角落借給蕭春鳳賣餛飩貼補家用。

有一天，與蕭春鳳餛飩攤位緊鄰賣水果的楊奇花問她：「大樓市場有一位林春秀師姊在收善款幫助窮人，一個月一百塊，妳要不要參加？」

楊奇花承租二姊騎樓賣水果已數年，蕭春鳳每次來看二姊，楊奇花都很親切地向她打招呼，她開始賣餛飩後，楊奇花也熱心地幫她招攬客人，漸漸地，她們成了無話不談的好朋友。

蕭春鳳一聽說要幫助窮苦人家，很想立刻答應，但隨即想到自己的經濟也很窘迫，便有點猶豫地說：「能救人是很好啦！可是我怕萬一生意不好時，繳不出善款。」

「我這裡有一個奶粉罐，妳每天做完生意就投兩個十元硬幣進去，每個月要繳善款時，就從裡面拿出來，妳說這樣好不好？」楊奇花一邊擦拭蘋果，一邊熱心地建議。

「哦！好，就這麼辦，我也可以幫忙勸募。」蕭春鳳微笑點頭。

一九八八年，蕭春鳳在市場賣餛飩，攤位鄰居楊奇花介紹她認識慈濟委員林春秀，與慈濟再續前緣，終於受證慈濟委員。
（圖片提供：蕭春鳳）

二〇〇九年十月九日，蕭春鳳在中壢園區聚精會神做福慧紅包的情景。（攝影：詹秀芳）

四、五個月後，林春秀笑吟吟地來到水果攤，先是感恩楊奇花與蕭春鳳的愛心，接著邀請她們一起做善事。

「妳們是什麼慈善團體？」蕭春鳳好奇地問。

「我們是花蓮證嚴法師成立的慈濟功德會……」面帶笑容的林春秀簡單介紹。

「哦！太好了，那正是我要找的師父！」蕭春鳳興奮地說。

第二年，林春秀交給她一本咖啡色的勸募本子，並邀請她參加慈濟的共修活動，以及訪視孤苦無依的老人或生活陷入困頓的人。在一次又一次的實際接觸中，看到貧病人家的困苦和辛酸後，她感觸很深。雖然她也有經濟上的困難，但畢竟有先生、孩子一起面對困境，而且全家大小都平安，她覺得自己好幸運，從此努力奉獻心力，希望可以幫助更多人。

一九九一年，蕭春鳳受證成爲慈濟委員，法號慮珍。

「上人一定是知道我很珍惜這得來不易的因緣，所以才會賜我『慮珍』這個法號。」蕭春鳳無限歡喜地輕撫著上人爲她授證時，別在她胸前的委員證自言自語。這是她第一次穿上鑲滾著暗紅細邊的藍色旗袍，頭髮整齊地盤在腦後，唇上淡淡朱紅，整個人顯得神采奕奕，非常莊嚴。

這天傍晚，她在家正洗菜準備做晚餐時，忽然瞥見窗外那棵小葉欖仁樹，不知什麼時候繁葉已經落盡，只剩下細緻優雅的枝條在風中擺動，枝頭兩隻小燕子時而相互追逐，時而依偎呢喃，這景象讓她不由自主地多看了兩眼。

「婆婆以前也常站在這裡向外眺望，她是喜歡春天的綠意還是寒冬的冷清？」蕭春鳳突然想起去年往生的婆婆。

「媽媽活著的時候又不吃素，她死了，爲什麼要用素食祭拜她？」婆婆往生時，二伯反問蕭春鳳的這句話又在耳邊響起。

她知道婆婆生前並不排斥吃素，婆婆往生時，蕭春鳳便建議不要殺豬宰雞，改用素食祭拜。沒想到卻招來二伯如此的回應，最後仍是沿襲舊俗以葷食祭拜。然而，這句話卻從此縈繞心頭，她不要孩子們日後因她而殺生，所以萌生吃全素的心念。但她不希望造成家人的不便，只吃早齋及初一、十五茹素。

「吃素！上人也是吃素啊！」她再度記起受證時上人的慈示：「多一位委員就是多一雙觀世音菩薩的手和眼睛，大家要學菩薩的精神，菩薩的愛心是沒有界限的……有願放在心裡，沒有身體力行，正如耕田而不播種子，皆是空過因緣。」

「菩薩的愛心沒有界限，就是眾生平等，既是眾生平等，又怎麼忍心吃牠們的肉？我早有吃全素的心願，再不身體力行，就會像上人說的『空過因緣』。」她想了想，決心不再吃葷食。

傾所有捐病床

蕭春鳳既然決心茹素，就不願再販售葷食，於是趁市場改建時，結束了賣餛飩的小生意，在家充當先生的助手。與此同時，她也能抽空參與慈濟活動；一九九二年慈濟中壢聯絡處成立後，她開始利用時間前往值班。

接連幾日陰雨後的早上，天氣放晴，蕭春鳳手裡提著修水電用的工具袋緊跟在先生背後，雖然有點重，但心裡那股踏實感，就像今天日麗風和的天氣般暖洋洋。他們正要去附近一戶人家更換自來水管線。

「妳在這裡負責開、關水錶，我到二樓去。」先生交代後，便逕自上樓去了。

「砰！」忽然一聲巨響，她嚇了一跳，「是什麼東西掉下來？這麼大聲！」不一會兒，就看見先生一拐一拐地從後門走過來。

「噢！差點把我摔死！」先生驚魂未定地邊說邊摸屁股，然後慢慢蹲下身子，將靠近水錶的水龍頭鎖好。

原來他爬到二樓後陽臺，接好水管準備下樓，不料腳一打滑，身體便失去重心，整個人滑出陽臺，墜落到隔壁屋後插滿尖銳玻璃的圍牆，再彈落窄巷的地面上。

下午，蕭春鳳在慈濟中壢聯絡處值班時，餘悸猶存地向一起值班的李春惠提起先生早上發生的事。

「傷到哪裡？」李春惠一聽，著急地問。

「運氣好，他穿牛仔褲，沒有刺到肉，倒是牛仔褲被刺破好幾個洞，還有大腿一小塊瘀傷，感恩菩薩保佑。」蕭春鳳雙手合掌。

「我想這是你們捐病床做好事，才能一善破千災。」李春惠正色道。

提起捐病床給花蓮慈濟醫院這件事，蕭春鳳露出笑容：「眞的很感恩我先生！半年前，我在他面前說：『別的師姊都募到好幾張病床了，我卻一張也沒募到。』當時我們正在吃飯，他抬頭看我一眼，簡單地答了一句：『我們自己捐嘛！』我還以爲他在開玩笑呢！沒想到第二天，他就叫我把僅有的存款兩萬元領出來，留下五千元當生活費，其它的就捐出去。」

「那時兩個兒子在讀書，眞的不敢把這一點積蓄都用掉。先生看出我的猶豫，便安慰我：『怕什麼，錢再賺就有，省吃儉用也能過日子。』現在想來，眞的要感恩他。」

「是的，省吃儉用也能過日子。」幾年後的一天傍晚，蕭春鳳含淚瞅著住了二十多年的房子喃喃自語，想到明天就得搬離，整顆心像拖著秤錘般直往下沉。

夫妻倆胼手胝足多年，好不容易家庭經濟才漸趨穩定。一九九八年，沒料到長子做生意失敗，負債累累。她無法眼睜睜看著兒子焦頭爛額地四處調頭寸，媳婦竟日愁眉不展。

「把房子賣了吧！欠人家錢總是不好，況且替兒子還了錢，他才能東山再起。」蕭春鳳無奈地懇求先生。

償還長子一千多萬的負債，蕭春鳳夫妻已身無分文，正爲租房子憂愁時，幸好四伯伸出援手，提供平鎮市南勢的一幢三層樓的房子讓他們居住，而且不收租金。

那時，先生水電工作打下的基礎，因爲搬家的緣故，一切得重新開始，在經營不見起色的情形下，不得不到中國大陸另謀發展；還在屏東科技大學就讀的小兒子，也必須靠助學貸款才得以繼續學業，幸好有二兒子打工，每月拿六千元回來，蕭春鳳則在家做充電器包裝的手工，一個月賺五、六千元貼補家用。

有心就不難

蕭春鳳的日子過得相當辛苦、困頓，從有自己的房子到寄人籬下，原本住在一起的一家人分居各地的不適應與鬱悶，日夜煎熬著她。還好有慈濟這個避風港，尤其是曾任中壢志工組長的卓梅玉知道她的困境，經常開導她，爲她加油打氣。

「妳遇到這麼大的難關，還能走出來做慈濟，眞的很不簡單。」有天傍晚，蕭春鳳在聯絡處值班後正準備回家，一起值班的卓梅玉默默陪她到門口，不捨地緊握她的手，悄悄塞錢給她。

「我自己選的路，當然要走下去，但是錢我不能收。」蕭春鳳紅著眼眶婉拒，卻拗不過卓梅玉的誠懇。

在她最困難的時候，多虧卓梅玉適時伸出援手，三番兩次私底下塞給她幾千元，說什麼都要她收下，蕭春鳳每次都感動地含著眼淚將卓梅玉給的錢記錄起來，希望有朝一日可以悉數奉還。

蕭春鳳的小兒子在二〇〇〇年畢業後，很快就找到工作。次年，她帶著一點一滴存下來的三萬元要奉還卓梅玉。

「如果妳一定要把錢還給我，那就將它送給更需要的人吧！」卓梅玉輕柔地說道。

「卓師姊，眞的感恩妳，也感恩有慈濟，不然，當年我眞的不知道該怎麼走下去！」蕭春鳳千恩萬謝後，將三萬元以無名氏的名義捐給慈濟救助貧困人家。

在那段飽受貧困交加的日子，無論手頭再怎麼拮据，她沒有少繳一次善款，也沒有變得更貧窮，日子倒是愈來愈平順，她相信「有心就不難」。

眞的有心就不難。小孫女出生後，由她幫忙照顧，讓二媳婦可以繼續上班。

「蕭師姊，妳帶孫女就不能做慈濟了！」志工羅瑞英看著眼前才成立不久的資源回收站，憂心地問。

「怎麼能不做慈濟？我最困難的時候都沒放棄呢！」蕭春鳳語氣堅定地說：「平時我可以揹著孫女做環保、值班、收善款；要去慈濟醫院當志工時，媳婦就休假在家帶孩子。這條路是我這輩子最重要的選擇，我一定會跟緊上人的腳步。」

她永遠忘不了，他們八個兄弟姊妹，就像被下了毒咒般，先是正值壯年的大哥因久病不癒，自殺往生；接著三個姊姊、一個妹妹、一個弟弟陸續中風，其中兩人

二〇〇九年七月三十一日，蕭春鳳在中壢園區承擔香積勤務。（攝影：詹秀芳）

往生，一人長年臥床，一人坐輪椅，一人半身肢障，勉強可以照顧自己。

只有小弟和她安然健在。每當她與新加入的環保志工分享上人的法語時，總會有感而發地說：「上人說：『一善破千災。』一點都沒錯，還好我來做慈濟，才能自在地活著，家人也才能逢凶化吉，我當了阿嬤還可以做環保、做慈濟，眞的很幸福呢！」

蕭春鳳全家剛搬到南勢不久，就發現這裡的可回收物不少，任其當垃圾丟棄實在可惜，只是初來乍到的她，對周遭環境相當陌生，只能在家裡做小量的資源回收；後來她先生從中國大陸回來，徵得住家旁邊一塊閒置空地的地主同意，才結合當地幾位慈濟志工，成立一個簡單的資源回收站。一邊做回收分類，一邊宣導「疼惜大地，減少汙染，落實環保」的觀念，而一向沉默寡言的先生，也主動承擔回收站裡「顧頭顧尾」的守護者。

二〇〇九年四月六日，蕭春鳳將洗菜、洗碗的水拿來澆菜、澆花草；另外，洗衣服後的水則留著沖馬桶。（攝影：詹秀芳）

清貧致福

回收站成立之初，不免有人懷疑家裡只有幾件舊家具的蕭春鳳夫妻是不是假環保之名，做「營利」之實，直到兩位幫著回收、分類的鄰居發現，他們夫妻簡直是「節儉達人」，才解除街坊鄰居們的疑慮。

蕭春鳳用手洗衣服，將洗過衣服的髒水留下來沖馬桶；洗菜、洗碗的水留著澆菜、澆門口的幾株花草；夏天再熱，也只用電扇消暑；家人又都跟著她吃素，兩樣青菜，一盤自己醃製的蘿蔔或紅燒豆腐，就可以過一餐；早餐她自己做豆漿，豆渣則摻著麵粉，再加上一些枸杞、幾粒堅果，蒸成糕餅當餐點。她修舊利廢，在她手裡，幾乎沒有可以浪費掉的東西。

況且他們回收好的分類物品，都是請慈濟的環保志工載去資源回收場出售，一分一

二〇〇九年四月六日，蕭春鳳自己做豆漿，豆渣則摻著麵粉，再加上枸杞及堅果，蒸成糕餅當餐點。圖為蕭春鳳將做豆漿使用過的水，回收處理再利用。（攝影：詹秀芳）

毫清清楚楚地繳回慈濟中壢聯絡處。

質疑的眼光漸漸消失後，社區的婆婆媽媽愈聚愈多，幾年後，不只吸引了二十多位社區志工參與，這些志工更成爲慈濟的忠實會員；而附近居民也自動將可回收的物品送來回收站，讓資源回收眞正落實社區。

多年來，蕭春鳳用心做慈濟，做得忘記清貧，忘記憂愁，唯獨房子的事讓她耿耿於懷。

「四伯一直不肯收我們房租都快十年了，我眞的越住越不好意思。」蕭春鳳時常對兒子這樣說。

「我的助學貸款已經繳清，也存了一點點錢，可以貸款買小一點的房子。」有一天，小兒子突然對她說。

後來，小兒子一有空就帶他們夫妻倆到處去看房子，可是看來看去，總覺得沒有合意的。其實蕭春鳳最希望的是，四伯能將目前借他們住的房子割愛，因爲她捨不得離開回收站及社區志工。

當她找房子的消息傳開，附近的環保志工莫不憂心忡忡，大家心裡有數，只要她一離開，地主便會將空地收回去，即使不收回去，也沒有人可以隨時就近照顧回收站，那麼，這個好不容易才成爲社區志工精神寄託的回收站，恐怕就要瓦解了。

「上人說『有願就有力』，眞的耶！我四伯已經答應要將我們住的這間房子賣給我們了！」二〇〇七年八月的第一個星期日是大型環保日，和風煦煦的早晨，蕭春鳳素淨的臉上漾著開朗的笑容，向大家宣布這個好消息。

在場低頭做鋁罐、鐵罐分類，整理報紙、拆解電器類的志工們，聽到這個消息，都不約而同抬起頭來，歡喜地說：「果然『有願就有力』，眞好！蕭師姊可以長期住下來了！」

「怎麼突然會有這麼好的消息？」羅瑞英笑呵呵地問。

「這要感恩我先生和兒子。上人說：『入我門不貧，出我門不富。』是眞的喔！」蕭春鳳笑得眼睛瞇成一條線。

原來，小兒子帶她看過幾處房子，每次她都搖頭，後來兒子察覺母親根本不想離開每天進進出出的回收站，於是與父親商量，請他出面問問四伯，沒想到四伯有成人之美，當場就答應了。

一向節儉、謙虛，自認爲只是個微不足道的小女人的蕭春鳳，對做資源回收，爲後代子孫留下乾淨地球的決心與努力，卻是她在人生路上跨出的一個大腳印。這個大腳印讓周遭的每個人都對她讚歎有加，同時也是她「清貧致福」的泉源。

航道情緣——林蘇美的故事

文◎林麗真、葉美瑛

林蘇美期許自己的後半生，要像莿桐樹上美麗的鳥仔花，努力綻放生命的花朵，在世間留下美麗的足跡。（攝影：謝武雄）

【林蘇美小檔案】

一九四〇年出生，臺灣基隆人。二〇〇六年受證慈濟委員，法號心渼。出生時，父母聽信研究命理朋友的建議，將她過繼給別人。養父家裡經濟不寬裕，卻讓她養成刻苦、節儉、樸實的個性。一九九二年一場無情的車禍，奪走她幸福的家庭……一路走來，雖然辛苦，但是很充實，尤其從做資源回收中，她找到解憂的良方，讓心靈得到無比的歡喜。

灰濛濛的天空才剛透出白曦，柯山家裡傳來「哇——哇——」的哭聲，產婆阿枝嬸拉起衣袖擦著額頭上的汗珠，對正在廚房燒熱水的柯山大聲喊著：「恭喜喔！是個可愛的小女孩。」

孩子出生數日後，柯山邀約了幾位好友在屋前大榕樹下喝茶聊天。「聽說你老婆前幾天又生了個女兒，恭喜！恭喜！」蘇註一邊喝茶，一邊祝賀他。

對命理學頗有研究的阿宗，半開玩笑地問：「什麼時候要請我們喝滿月酒？」

「不急啦！等孩子滿月，一定請你們到家裡吃飯。」柯山不好意思地摸摸頭，微微笑著說。他接著問：「阿宗，你可以幫我女兒排八字嗎？」

「好呀！你把女兒的生辰八字寫給我。」

當下，柯山便找來一張紙，寫上女兒的生辰八字後交給阿宗。只見阿宗掐指推算，皺了皺眉，搖搖頭，對柯山說：「你這個女兒注定要分給別人養。」

「爲什麼？」柯山臉色一沉，追著阿宗問。

「她的命格就是這樣，不然會像你之前兩個女兒一樣，出生後不久就夭折。」

拍拍柯山的肩膀，蘇註安慰道：「若給別人做養女，可以讓孩子健康平安長大，也是很好。」

柯山側過頭望向蘇註，沉思一會兒說：「不然，給你抱回去養。」就這樣，幾個男人聊著聊著，就把女孩的命運決定了。

叔叔帶來好消息

霧氣籠罩多雨的山城，隨處可見變化多端的雲彩，給人彷如置身仙境的夢幻之感，站在高處可將山城之美盡收眼底。潮濕的山間小路，兩旁路樹枝椏繁茂，彼此交錯盤纏爲人、車搭起遮雨棚，不遠處，山泉潺潺的流水聲，爲愜意的雨都下了最佳註解。林間成爲孩子天然的遊樂場，才四歲大的蘇美和哥哥們爬樹玩耍，嬉鬧間，她不愼鬆開抱著樹幹的手，「啊——」的慘叫一聲，整個人就像溜滑梯般，瞬間從樹上跌落地面。「阿美，妳有沒有受傷啊？」受到驚嚇的哥哥緊張地跑過來，扶起摔在地上的蘇美上下左右不停地檢查著。

「哥，我的右手好像不能動了。」痛得不斷冒冷汗的蘇美用微微顫抖的聲音說，豆大的淚珠撲簌簌地從臉頰滑落。

「怎麼這麼嚴重，趕快回家吧！」哥哥小心翼翼牽著蘇美的手，兩人拖著沉重的步伐，走上回家的路。一路上，他緊抿雙唇，皺著眉頭，擔憂的心情全寫在臉上，心中不停想著，回家該怎麼跟媽媽說。早期的山城醫療資源缺乏，加上家庭貧困，蘇美受傷的手因延誤治療，而失去復原的先機，從此，肌肉一天天萎縮，右手再也無力抬起。

右手無法活動自如的蘇美，國小畢業後，留在家裡幫忙。有一天，叔叔來找爸爸聊天，談到有裁縫師傅要來村子裡教裁縫，他建議蘇註：「阿兄，是否讓阿美去學裁縫？」

「阿美，妳要去學做衣服嗎？」爸爸想，若能讓蘇美習得一技之長也很好，起身走到門外，問正在水溝旁洗衣服的阿美。

「阿爸，我只有一隻手可以學嗎？」蘇美靦腆地低著頭輕聲問。

「只要妳肯認眞學，一定沒問題。」叔叔走到阿美身旁，拍拍她的肩膀給予鼓勵。

有了家人的鼓勵，蘇美在村子裡學了半年裁縫後，輾轉又到基隆市區持續做了一年半的學徒。對於簡單的裁剪技術、縫衣製程，都難不倒她。雖然殘障的右手是蘇美說不出口的痛，也讓她產生自卑，但從小就慣用左手，做起事來，一點也不含糊，更要求自己事事要做到最好。

一天，學有所成的蘇美爲犒賞自己，她精心設計、用心縫製，好不容易終於完成一件漂亮的洋裝，她迫不及待穿上親手縫製的新衣裳，在鏡子前轉過來又轉過去，愈看愈是滿意，脫口說：「這件洋裝眞好看。」殊不知，裁縫師傅早已悄悄走到她身後，端詳多時。她對蘇美說：「穿著自己親手裁縫的衣服就是不一樣。」

正值花樣年華、亭亭玉立的蘇美，在阿英師傅介紹下，認識了住在大園鄉，個性忠厚老實的林阿木，他一點都不嫌棄右手有缺陷的阿美，不久就論及婚嫁。婚後孩子陸續出生，靠著先生賣水果與打零工的收入，還是不夠一家人溫飽。因爲要看顧孩子，她也無法幫人做衣服貼補家用。

林蘇美從小就慣用左手，做起事來一點也不含糊，更要求自己事事做到最好。（攝影：江宜蓁）

天外飛來商機

民國五十年代，百業待興，爲迎接工業時代的到來，政府鑑於臺北國際機場（現在的臺北松山機場），受地形與機場用地面積的限制，僅能進行相當有限的擴建；政府爲因應臺灣地區國際航空發展，先後於林口、八塊、龍潭及桃園等地進行土地勘測，積極爲北部新國際機場的籌建找新地點，經過馬不停蹄的探勘後，勘測團隊於一九六九年，勘定桃園縣大園鄉（原名中正國際機場之區位）作爲北部新國際機場的位址，民航局在取得國防部及空軍單位同意後，報請行政院核准興建，並經行政院核定爲「十大建設之一」，二〇〇六年更名爲「臺灣桃園國際機場」。

得知家鄉被政府挑選爲興建國際機場的基地，大園鄉的地方父老們都感到特別興奮，在引頸企盼中，一九七四年九月十九日，政府計畫已久的桃園中正國際機場，終於動工。龐大的建設引進大批人力，也造就了無窮的商機，這讓整日爲家計愁眉不展的蘇美，露出了難得的笑容，一直想盡己之力改善家庭生活的她，暗自盤算著若能到工地附近賣飲料、麵包給那裡的工人，家裡的經濟或許就能改善。

打定主意後，蘇美隔天即到中盤商批貨，她將批來的蘆筍汁、沙士、麵包……裝滿大麻袋，往肩上一扛，踩著石頭縫隙，爬上陡峭、長滿雜草的圳溝堤頂，顧不得汗水濕透背脊，她微彎著腰，賣力地揹著沉甸甸的麻袋，緩緩地走向施工中的飛機航道。

來到施工區，見建材整齊地依序排放，工人兩兩相對，以鏟子相互攪拌著預拌混凝土，猛烈的陽光毫無遮攔地灑落在土地上，映照得工人滿臉通紅，濕透的衣襟無聲訴說著太陽的火辣。蘇美放下大麻袋，喘了口氣，便使勁地叫賣起來：「賣涼水、麵包喔！大家快來買……」

響亮的叫賣聲，如清涼的甘露，工人紛紛放下手邊的工作，向蘇美叫賣的方向或走或跑地過來，冷飲下肚後，透心涼的喜悅全寫在火紅的臉上，微笑從嘴角不斷地漾開。「阿美姊，有沒有菠蘿麵包？」喝完飲料，在一旁吞雲吐霧的阿清問。

蘇美暫停忙碌的雙手，瞅著阿清說：「賣完了，我明天多帶一些過來。阿清，菸少抽一點，多帶點錢回家。」

阿清淺笑著回：「知道啦！知道啦！」

站在阿清身旁的阿銘，一邊嚼著檳榔，一邊抖著腳，嘻皮笑臉地對蘇美說：「阿美姊，帶一些啤酒來賣。」

蘇美用媽媽般關愛的語氣提醒阿銘：「檳榔對身體不好，少吃一點，啤酒在工地不能喝，會誤事。」

阿銘有點不好意思地搔搔頭，帶著失望的心情走回工地……

蘇美善解人意的親和力，讓與她相處的人如沐春風，所到之處如和風解人熱惱，在航道工地，她販賣商品兼送溫情，不僅讓人沁心、暖胃，更暖心。

叫賣的日子讓賓主盡歡，也使家裡生活稍獲改善。每天早上、下午，來回兩趟將近二十多公里的路程，是蘇美最甜蜜的負擔，絲毫不覺得苦。回家後卸下腰間的錢包，是她最開懷的時刻，坐在走廊盡頭的矮凳上，隨著輕揚的微風，數著散落一地充滿汗臭味、沾著塵土的銅板，心中有說不出的快樂。再累，蘇美也甘之如飴。

無常瞬間降臨

一九七九年機場啓用後，蘇美結束工地叫賣的日子，爲了家計，夫妻倆做起資源回收的生意。

「鴨毛、酒矸通賣無？」這天他們騎著三輪車沿途「叫買」，來到離家不遠處的工廠。她問：「老闆你好，有可以回收的嗎？」

「有一些，你自己去後面看看。」工廠老闆指著堆滿回收物的角落，夫妻倆依老闆所指的方向望過去，看到成堆的紙箱不規則地散落滿地，他們如獲至寶般雀躍；阿木開心地和蘇美走向吵雜的廠區，彎下腰，雙手不停地拆解紙箱，再一綑一綑地捆綁整齊，堆疊上車。

滿載紙板的三輪車在馬路上緩緩前進，坐在阿木身旁的蘇美還沉浸在剛才「豐收」的喜悅中，唇角輕揚地看著專心踏著車的阿木。一輛轎車突然從後面追撞過來，「砰——」的一聲巨響，三輪車重心不穩，翻覆稻田裡。

「阿木——阿木——」蘇美被彈到內車道上，全身疼痛，躺在那兒動彈不得，她用眼角的餘光不停地環顧四周，急切地呼喚尋找著先生，卻得不到回應。

經過的路人協助搶救，有人認出阿木的三輪車，趕緊去通知他的親人。

阿木弟弟與鄰居們聞訊，三步併作兩步，匆匆地趕到車禍現場，在稻田、溝渠旁，邊找邊喊著阿木……卻遍尋不著他的蹤影。親友們急忙翻開重重疊疊散落的紙板，終於在最底層找到阿木，只見他臉色發黑、七孔流血，已經毫無生命跡象了。

聽到噩耗的蘇美，顧不得右小腿被削去大塊肌肉的疼痛，虛弱地哭喊著：「阿木——阿木——」她怎麼也沒料到，「豐收」竟成爲壓垮阿木的最後一根稻草，這場突來的意外，讓原本幸福的家庭頓時陷入愁雲慘霧。

找到解憂的良方

五年後，后厝社區的慈濟志工，正緊鑼密鼓地廣邀左右鄰居加入社區環保志工的行列，陳清水夫婦知道蘇美有多年的回收商經驗，特地到她家裡拜訪，希望她可以到環保點分享經驗。

因爲這次的分享，蘇美開始加入慈濟環保志工的行列。雖然身上有車禍後留下腰痠腳疼，以及多年挑重擔造成肩頸創傷等後遺症，她仍經常利用早上時間，騎腳踏車在村子裡蒐羅、撿拾回收物，也會到平安環保站做分類；環保歲月讓她忘卻了

回想坎坷的一生，雖然辛苦，但很充實；林蘇美心無雜念地做環保，讓心靈得到無比的歡喜。
（攝影：江宜蓁）

病痛及煩惱，漸漸走出陰霾。

早晨的陽光柔柔地映照在蘇美堅毅的臉上，她牽著腳踏車走到門口，左手輕輕提起瘦小無力的右手放到車子的把手上，再用左手的力量撐起身體，騎車到環保站，開始一天的回收分類。

蘇美一邊分類，一邊關心地問最近才加入環保志工的陳黃却：「妳一直彎著腰摺紙箱，累不累？」

「不會啦！做環保感覺心情很清爽，現在我知道地方了，以後會常常來。」有著一頭銀白髮絲的黃却，嘴角上揚，歡喜地回應。

蘇美聽了高興地說：「有伴眞好！以後我們可以一起做環保。」

轉過身看著滿地的回收物，黃却困

雖然受腰痠腳疼及肩頸創傷的舊疾困擾，林蘇美仍經常騎著電動腳踏車在村子裡蒐撿回收物。充實的環保歲月，讓她忘卻病痛及煩惱，走出悲苦的陰影。
（攝影：莊敏芳）

惑地問：「這麼多塑膠物品，要怎麼分類呢？」

「沒關係，我教妳。」蘇美停下手邊工作，走到黃却身邊，順手拿起身旁的罐子在地板上敲了敲，發出「叩叩——叩叩——」的聲響。接著她說：「塑膠也有軟、硬的分別，瓶瓶罐罐比較好分，看外觀就知道；而塑膠類要敲敲看，每一種聲音都不一樣，材質也不同。」在一旁做分類的志工們，也好奇地圍過來聽蘇美的示範說明，大家一起聽聲分辨不同類的塑膠。

聽完解說後，黃却開心地握住蘇美的手：「感恩喔！謝謝您跟我解釋得這麼詳細，我趕緊把這些塑膠製品分一分。」

黃却的回饋，觸動蘇美的心：「原來以前跟著先生一起做回收的經驗，竟然也能幫助別人。」她黝黑的臉龐泛起一絲靦腆的笑容。蘇美回想自己的一生，雖然辛苦，但是很充實，尤其在環保站裡心無雜念地認真分類，讓她的心靈得到無比的歡喜。

自我昇華

這天，蘇美又要到環保站，途經機場，熟悉的景象緩緩出現眼前。駐足在大埔橋邊，她看著高高築起的圍牆，遠方矗立在跑道邊的警衛亭依然堅守著崗位，往事如倒帶的影像，一幕幕呈現在前，那段滴落無數汗水，忙碌奔波在施工航道上的日子，顯得特別清晰、明朗……

經過的是一樣的路，現在的蘇美卻有不一樣的感觸，曾經的稻浪滔滔，曾經的塵土飛揚，如今已成兩旁綠草如茵的飛機航道，它是旅人的起程點，過客的中繼站，更是異鄉遊子的歸處；它時時張開雙臂迎接、送別進進出出的旅客，各自找到依止處。

物換星移的歲月，正如院子裡那棵莿桐樹，經過春雨洗刷後，更顯清翠，令人不由得想多看幾眼；蘇美撫摸著阿木親手栽種的莿桐樹，低聲對自己說：「我的後半生也要像樹上美麗的鳥仔花，努力綻放生命的花朵，在世間留下美麗的足跡。」

早晨的陽光柔柔地映照在林蘇美（左）堅毅的臉上，她除了認眞做環保，也積極參與慈濟各項活動，生活過得踏實又有意義。（攝影：江宜蓁）

堅毅的腳步——蔡祝的故事

文◎莊敏芳、徐淑靜

蔡祝慶幸能做慈濟，這是她最感恩的事，她要趁著還做得動，「做來囥，也不要將來做來抵」。（攝影：江宜蓁）

【蔡祝小檔案】

一九四一年生，彰化縣人。年輕時與先生一起經營女鞋工廠生意，不幸遭合作廠商蓄意跳票，因而結束鞋廠。遭遇事業失敗及先生生病等一連串的無常，她選擇勇敢面對，在生活困頓下，仍抱持樂觀的態度，除了努力工作還債、養活自己及家人，也未曾間斷付出愛心，護持慈濟，不遺餘力。

寒風刺骨的冬夜，氣溫驟降到攝氏八度，蔡祝縮著身子獨自往巷口的站牌方向走去，等候開往桃園國際機場的客運車。昏暗的路燈下，孤單的腳步伴隨著拉長的影子，在偌大又冷清的機場邊，形成強烈的對比。

在「樹仔坡」站牌下，她頂著寒風，伸長了脖子，瞇著眼睛聚精會神地盯著呼嘯而來的巴士，深怕一個不留神，若錯過了班車，又要苦等下一班。

寫著通往機場的公車終於靠站，佝僂的身影上了公車，一如預料中的，座位空蕩蕩地，她經常是車上唯一也是最後的一位乘客。車廂內微弱的燈光，映照著銀白的髮絲，及一條條皺紋在臉龐刻劃過六十八個年頭的風霜。

甘之如飴

深夜十點半過後，機場各單位逐漸下班，蕭颯的夜空，夾雜零星班機起降轟隆隆而過的噪音。第一航廈候機大廳的廁所裡，蔡祝戴著手套，神情認眞地刷洗著洗手臺、小便斗及馬桶；機場廁所每天使用的次數頻繁，她得更加用心維持環境的清潔，避免產生異味，因爲國境大門不只是關係到國家的門面，更是她賴以維生的飯碗。

「阿桑！不要那麼愛賺錢啦！看妳年歲不小，該在家抱孫子享清福了！賺錢這種事就交給年輕人。」來巡視的同事小陳總愛和她開玩笑。

「能做就是福氣啦！這表示我的身體還很勇健啊！」蔡祝一點也不以爲意。

聽到蔡祝爽朗的回應，小陳只好無趣地轉身去辦他的事情。

「掃廁所」在一般人眼裡，是件卑微的苦差事，但蔡祝對這份工作卻甘之如飴。

一九九〇年間，蔡祝在桃園國際機場，擔任廁所的清潔工，因爲工作的關係，結識了同樣是清潔人員，也是慈濟志工的林輝鳳和李阿暖；爲了響應證嚴上人「用鼓掌的雙手做環保」的呼籲，幾個人藉著工作之便，在機場默默地推動資源回收的工作。

當時，可回收資源數量龐大，機場又沒有多餘空間可以讓他們囤放回收物，必須每天將回收物資載到回收廠變賣。蔡祝利用晚上下班後，和先生謝文勝整理、綑綁大量回收物，載回住家騎樓暫放，再逐一整理分類，等事情做完進到家門，往往已是凌晨兩點過後了。可惜，文勝陪伴她做環保的日子，卻只有短短四年光景……

「哎喲！你嘛不要這樣！」晚餐時，蔡祝忽然對著文勝喊了一聲。

「我怎麼了？」文勝不明所以地看了妻子一眼後，又豪邁地夾起一塊爌肉。

「拜託你吃東西要稍微控制一下，已經六十多歲的人了，年歲有了。」看著丈夫將紅燒爌肉一塊又一塊地往嘴裡塞，蔡祝忍不住碎唸了起來，「何況你們家族都有高血壓，看你一碗飯要配那麼多爌肉，這樣吃會出事情啦！」

「若沒肉，吃飯就沒滋沒味，怎麼吃得下去？」滿嘴油亮亮的文勝晃了晃剛夾在筷子上的爌肉，瞄了蔡祝一眼，又往嘴巴裡塞。

「不要忘記，你有過小中風，那回是運氣好，不要以爲每次都會那麼幸運！」蔡祝沒好氣地提醒他。

「我壯得像頭牛似的，免妳煩惱！要上班趕快去，不要在那裡囉哩囉嗦。」不想再聽老婆的嘮叨，文勝不耐煩地對蔡祝咆哮，「我甘願呷乎伊死，卡贏死沒呷。」（臺語，意思是：寧可吃到撐死，也不要餓死！）

「唉！怎麼都講不聽？」縱使蔡祝苦口婆心勸阻，也絲毫無法改變文勝嗜肉如命的飲食習慣，只能無奈地搖頭。

雖然無奈，但爲了丈夫的身體著想，蔡祝每天總會早起，爲文勝準備清淡的飲食後再出門。

「我要去上班了，降血壓的藥在桌上，蔬菜對你身體比較有幫助，你多少吃一點。」在上班前，蔡祝會將文勝的藥和煮好的食物放在餐桌上，苦口婆心地叮嚀他按時服藥、用餐；但固執的文勝，依舊我行我素，只吃他喜歡的食物，把老婆的話當成耳邊風——把蔡祝準備好的藥物及餐點，置之一旁。

兩年後，文勝二度中風，這次動了腦部手術，從此他再也沒有離開過病床。

看著中風後的老公，從一個七十幾公斤的大漢，瘦到剩下四十多公斤。整個人無法自主行動，只能癱瘓在床上，除了有雙會眨動的眼睛，也沒辦法講話，平日的吃、喝、拉、撒全依靠他人協助在床上解決，想起文勝的任性及曾說過的話，蔡祝總覺得造化弄人，因緣果報半點由不得人。

努力還債

老伴病倒後，為了方便照顧，蔡祝搬到大園鄉菓林村。這裡離機場很近，也因為住家的上空是飛機的航道，整天飛機起降的噪音不絕於耳，因此房租特別低廉；但蔡祝不以為意，還說這是別的地方沒有的優點，即使沒有手錶，只要仰頭看飛機，就可以知道正確的時間。

「妳嘛幫幫忙，下班不休息，還要做環保！」下班打卡後，同事看到滿頭斑白的蔡祝仍留在機場整理回收來的紙箱時，看不過去地叨唸了一句。

蔡祝彷彿沒聽到同事的過度關切，只是抬起頭來，對著眼前的人微微頷首問道：「妳要下班了？」

「如果是將這些回收所得，拿回家給孫子添購學用品，我還能理解……」同事知道她做回收的目的，很不以爲然，意有所指地說。

「我若能有一碗飯吃，就已經感到心滿意足了，孫子的學用品有她爸爸、媽媽會幫她準備，這些收入是要幫證嚴上人分擔一些。」蔡祝抬手用衣袖擦了擦額頭上的汗水後，繼續埋頭在紙箱堆中。

不顧自己年事已高，蔡祝利用下班時

蔡祝護持慈濟，不遺餘力；曾經遭遇事業失敗及先生生病等一連串無常，她選擇勇敢面對，不曾因爲生活困頓而停止助人的心。（攝影：黃巳龍）

間，以堅強的意志力投入機場的資源回收工作，直到這項工作被服務的公司接手，納入公司營收後，蔡祝才停止機場的環保回收工作。

雖然機場無法再讓她做回收，但蔡祝並沒有停止社區資源回收的工作。左鄰右舍經常主動將一些回收物品拿來給她。有一天，家門口突然堆放了兩個大型黑色塑膠袋，蔡祝好奇地打開繩結後，赫然發現數十雙女鞋，其中一雙漆皮大紅高跟鞋，閃亮亮的光彩，幾乎是全新的，她一面想著鞋子的主人是誰？一面看著那整排的鞋子，熟悉的場景一一浮現腦海……

一九七〇年代，臺灣經濟起飛，蔡祝也曾經有過風光的日子；那時候，他與文勝在三重經營生產女鞋工廠，擁有近四十名員工，正當鞋廠內外銷生意都應接不暇的時候，卻慘遭廠商跳票，負債近五百萬元。爲了清償債務，不得已將房子抵押變賣。夫妻倆不只一次嘗試東山再起，怎奈仍舊無法突破困境，最後文勝放棄做老闆的念頭，受雇當廠長，努力還債。蔡祝則先後以賣冰水、做手工、修線頭、擺麵攤等工作來貼補家用。

生意失利，只能不斷努力工作來償還債務的蔡祝，從不曾因爲生活困頓而停止助人的心，她持續付出愛心，出錢、出力護持慈濟，不遺餘力。從華東水災（一九九一年發生於中國大陸華東地區的嚴重自然災害）開始，只要有義賣的場合，一定看得到蔡祝的身影；每兩年一次大型義賣，以及大大小小各種義賣場合，她總會和李阿暖聯袂參加，製作拿手的布丁果凍、草仔粿、粽子等點心，共襄盛舉。她還笑著對旁人說她的聲音大，是不用插電的「放送頭」（臺語，意即擴音器），義賣時都不用麥克風。

用心做來囥

二〇〇二年，興建桃園靜思堂時，為了推廣工地人文，接引更多社區民眾及施工人員了解慈濟，特別在工地搭建了臨時廚房，由各組輪流安排香積志工提供素食料理給工人食用。負責蘆竹區的香積志工李阿暖邀請有「做麵攤生意」經驗的蔡祝，以及曾木球、賴富美等人一起投入，號稱「兩百歲組合」的香積團隊。她們除了有年齡大的特色外，對於菜色更講究原味原色，採用最好的天然素材是基本要求，創新融合堅果、水果入菜，使得菜色更多樣化，常帶給人耳目一新、驚喜不斷的喜悅，更讓建築工人對素食料理有了不一樣的評價。

「師姊，下禮拜三、四、五輪到我們做香積了，可以算妳一份嗎？」李阿暖拿著志工的名單，打電話邀請蔡祝。

「阿暖師姊，那幾天我沒有休假，不過，沒關係，我會跟主任請假，就可以和妳一起去靜思堂做香積。」對於李阿暖的邀約，蔡祝總會想辦法克服萬難，準時出席。

施工期間，每四十五天一輪的香積勤務，蔡祝把握機會全心投入，從不缺席。因此，她經常在上完大夜班，清晨七點打卡下班後，便趕搭公車到興建中的桃園靜思堂，繼續投入廚房的工作，直到午餐過後，將廚房工作結束時，已是下午兩點光景，這才放心地回家休息睡覺。

「師姊早！」志工陳師姊才剛踏進工地廚房，就看到清早剛下班就趕來靜思堂的蔡祝，向她打了聲招呼。「嗯！好香的咖啡！這麼享受，一早就喝咖啡！妳不怕睡不著覺嗎？」陳師姊一面綁著頭巾，一面好奇地問。

「早！這杯熱咖啡，對我來講比什麼都重要，我和別的老人不一樣，每天早上一定要喝一杯咖啡才能清醒，這也是我生活中唯一的享受。」啜飲了一口手上的咖啡，蔡祝

二〇〇二年，桃園靜思堂施工期間，蔡祝經常在上完大夜班後，便趕搭公車來到工地，投入廚房的工作，直到午餐過後，將廚房清理好，這才放心地回家睡覺休息。（攝影：江宜蓁）

精神奕奕地回答。

穿好圍裙的陳師姊，看著眼前這位滿頭銀絲，優雅喝著咖啡的老菩薩，問道：「師姊，我若沒記錯的話，我看妳好像從不缺席，每次輪到蘆竹做香積，都會看到妳。」

「能做慈濟是我最感恩的事，還好當時有輝鳳師姊引我進慈濟，還有阿暖師姊不斷鼓勵，沒有嫌我老。」話匣子一開，蔡祝侃侃說起從前。

「趁我還做得動，我要『做來囤，也不要將來做來抵』！」蔡祝把剩下的咖啡一飲而盡後，自嘲地說：「但是……做完香積，回家睡覺前，還要吃安眠藥，否則就睡不著，眞傷腦筋！」

長期日夜顚倒的作息，讓蔡祝習慣在上班前，喝一杯熱咖啡提振精神，這杯像毒癮似的咖啡，是她生活中最奢華的享受，提供她工作時源源不斷的力氣。然而，下班後，她卻總是掛念著住在安養院裡的先生，擔心早已成家立業的子女，讓緊繃著的神經無法放鬆，於是又得吃安眠藥幫助睡眠。對於自己矛盾的心態，蔡祝感到既無奈又好笑。

蔡祝由於過度勞累，手臂長期因工作及提重物而持續發炎，經常痠、痛、麻，伴隨骨質疏鬆症的症狀，加上年歲已大，子女不捨母親還要辛苦工作，說服她從職場退休。

爲了不使家人擔心，二〇〇六年二月，蔡祝只好辭去在機場的工作。

雖然年紀大，但由於蔡祝做事認眞負責的態度，從不計較，不挑工作，終年勤奮賣力地工作，十幾年來一直是主管眼中的好員工。她雖然離職了，公司主任仍不斷請她再回到工作崗位，上司的肯定，加上勤勞慣了，讓她閒閒在家無所事事，她反而覺得不自在，抱持著「能做就是福」的信念，二〇〇六年底，蔡祝再度回到熟悉的職場，這一次她下定決心，只要老闆不嫌棄，就要一直做下去。

深夜十點，打完下班卡的蔡祝，邁出機場的電動門時，感覺一陣刺骨的寒風迎面而來，她攏拉了外套的衣領，縮起脖子，拖著疲憊的身軀，腳步堅毅地往熟悉的站牌方向走去……

把道路當道場——余建勳的故事

文◎李美儒

二〇一〇年二月二十七日，余建勳接受人文真善美團隊專訪，談起他雖然身體有病痛，但仍堅持做環保來愛護大地。（攝影：唐崇文）

【余建勳小檔案】

一九二九年生於江西省南昌市，二〇一〇年八月往生。一九四九年還在江南高中就讀時，與同學隨著國民政府流亡到臺灣。一九五三年，警察學校畢業，被分發到桃園龜山分駐所服務，認識了楊靜宜，交往後結為夫妻，育有二男一女。警界退休後，常與老朋友齊聚打麻將，直到加入慈濟後，受到證嚴上人的精神感召，一頭栽進環保志業，努力做回收，從此不再打麻將。

這一天，一切如常。早上八點多，天色灰暗，細雨輕飄。桃園市永安路上車水馬龍，若不仔細留意，很難發現這裡有一個家庭式的小小環保點。一進門，映入眼簾的全是紙板、舊報紙等回收物，整齊堆放在前方客廳兩邊。客廳後方懸掛著一塊潔淨的白板，上面依序貼著行事曆、電話費、水費等帳單，和一則格外引人注目的〈靜思語〉。

「做環保可以修行，因爲放下身段才能做環保，而放下身段就是一種修行。」白板上這則〈靜思語〉，是環保志工余建勳每日固定必讀的精神食糧，也是他的行經之道。

環保使命　創造老年奇蹟

這年七十七歲的余建勳，滿頭白髮，臉頰略顯消瘦；但一對眼睛炯炯有神，一點也看不出五年前，他曾因爲罹患胃癌，切除了三分之一的胃。

二〇〇一年十二月，一場突如其來的胃癌，余建勳的心緒非但沒有愁雲慘霧，反而以豁達、堅強的態度面對。他爲了不驚動家人，自己偷偷跑去醫院開刀，切除長在胃上的腫瘤。手術出院後，他回到家，才心平氣定地告訴家人：「生老病死，是人生必經之途，就像旅遊一樣，到了終站就該下車；我放開心情面對現實，也是一種精神治療，況且我都活到七十多歲了，已經沒有什麼遺憾。」家人一聽，滿臉愕然，一時難以置信。

二〇一〇年二月二十七日，在桃園市慈文國中禮堂，慈濟志工舉辦社區迎新福感恩茶會活動，司儀范美蓮介紹三位資深的環保志工，其中第一位就是余建勳。（攝影：唐崇文）

開刀住院期間，個性秉直、不貪不求的余建勳，始終心心念念的就是環保，還經常想起，他第一次在火車上，不知哪來的勇氣，征服了個人的面子，彎腰撿拾那一個個看似不起眼的回收物……

那是一個晴朗的好天氣，藍藍的天空，白雲輕飄，余建勳去臺北參加朋友的喜宴。回程的火車上，他看到幾個學生喝完易開罐飲料，隨手將空瓶往地上一丟，發出「咚」的一聲，當下他感到很錯愕，腦海中突然出現環保名言：「勤勞做環保，環境衛生好，廢物變黃金，黃金換愛心……」余建勳當下鼓起勇氣，眼睛盯著前方說：

「各位同學，我是慈濟的環保志工，我想要撿各位座位下的易開罐，若有不方便的地方，希望大家多多原諒。」話一說完，他好像聽見自己的心臟發出「砰砰」的聲響。

這時同學們各個噤若寒蟬，彼此相互看了一眼，才一臉尷尬地撿起易開罐，遞交給余建勳。同學們的這一舉動鼓舞了余建勳，讓他剎那間產生莫大的信心，心中感到莫名的興奮：「慈濟環保志工，這塊招牌眞管用啊！」

「慈濟環保志工」這塊招牌果眞爲他壯了膽，引領他一一到各個車廂去撿拾可以回收的廢棄物。

有了這次撿「寶」的美妙經驗，余建勳開始規劃每天做環保的路線，從一早大地甦醒，約莫六點半，他便拿著掃把出門掃馬路，從住家旁的永安北路口掃到富國路口，沿途約有三十幾家店面。掃完後汗流浹背，晶瑩的汗水如同雨水般滴落，打濕他的白汗衫，但內心卻盈滿著快樂與踏實。

回家快速梳洗一番，緊接著練外丹功、看報紙及吃早餐，待餐畢換好衣服，牆上的時鐘已指向九點。他再度出門，推著手推車到附近的工廠及水果攤回收紙板、鐵條等回收物。余建勳生活規律，彷彿學生般按表操課，日復一日。

待手推車裡滿載的回收物層層疊疊，幾乎高過余建動的頭頂，他才心滿意足地踏著蹣跚的步履推回家裡；此時已接近中午時分，他再次沖個澡，簡單用完午餐即小睡片刻。小憩後，便將上午回收來的物品一一分類整理，下午兩、三點他三度出門，到附近的幾家便利商店做資源回收。晚餐後，是他一天最後一趟出門，再度回到附近便利商店，一一巡視是否還有未收的回收物。余建動如同打卡簽到的員警巡邏隊員，從早到晚規律地巡訪，風雨無阻，從未間斷。

捨與得之間 照見愛的傳遞

老年做環保，讓余建動的生活更加精采有活力，他用心做環保的精神，拉近了左鄰右舍及附近社區大樓住戶的心，有些人會主動將可回收物送到他家門口，有的則將可回收的資源存放到一定的量，再打電話請他去載。

日復一日，年復一年，余建動不但創造了生命的良能，也感覺日子過得非常充實又有意義；然而，這條環保行經之路，著實讓他飽嘗世間的冷暖，但也增長了智慧。

那是一個寒冷的冬天，天氣冷得叫人直打哆嗦，余建動如常到桃園市大業路一家水果攤收紙板，突然一位流浪漢跑過來對他說：「阿伯！你這紙板給我好不好？」

「你要做什麼？」余建勳一聽，放下手邊的工作，看著他驚訝地問。

「我沒錢吃飯，又撿不到紙板。」流浪漢眼巴巴地說。

「沒錢吃飯！」余建勳低聲重複流浪漢說的話，心裡瞬間湧出一股傷感，心想：「慈濟人聞聲救苦，就是要幫助需要幫助的人，我身邊這一些紙板頂多賣一、二十元，根本不夠吃一餐。」於是，他掏出身上僅有的加油錢，算一算約有六、七十元，全部都給了流浪漢，還一面催促道：「你趕緊先去吃飯！」一面快速地將自己回收的全部紙板，捆到流浪漢的拖車上，才踏著快樂無比的心情返家。

在現實社會中見到人間疾苦的余建勳，生活更加簡樸踏實，深藏的悲心也漸漸被啓發。這年，天氣異常酷熱，某一天的午後，他穿著一件白汗衫，一路撿拾回收物，當來到富國路上的一家製紙板工廠門口，汗水早已濕透全身，於是，他在屋簷下休息乘涼；不一會兒，一位婦人開門出來，看見白髮蒼蒼的余建勳，心想：「年紀這麼大了，還要爲生活撿破銅爛鐵，好可憐喔！」便轉身跑回屋裡，待出來時，手上多了兩個熱騰騰的饅頭，她遞給了他，並語帶憐惜地說：「阿伯，趁熱趕快吃！」

余建勳的內心十分感動，經過一番閒聊，才得知她是工廠的老闆娘。這一事件，讓余建勳深深體悟到，原來這社會處處有溫暖，「像我給流浪漢錢是『捨』，拿老闆娘的饅頭是『得』，這捨與得之間，都是互相在傳遞『愛』！」

轉換跑道做環保　廣結善緣愛無量

余建勳不僅深刻體會，富有愛心的人生最幸福，還從掃馬路的付出過程中，掃出好人緣——得到左右鄰居們一致的誇讚。他常鼓勵妻子：「這附近住家，我是唯一的外省人，又是刑警退休，大家以爲我很兇。俗話說『遠親不如近鄰』，我們要廣結善緣，只要鄰居或這一帶的老人家，有我們能幫上忙的地方，我們都要像家人一樣盡力而爲。」

二〇〇八年三月二十九日，桃園蘆竹寶慶環保站啓用。余建勳分享做環保的心得，並鼓勵大家「用鼓掌的雙手」實在地做。（攝影：黃秝淇）

「把鄰居當成家人，把馬路視爲道場」，余建勳從做環保的過程中修身養性，學習到忍讓、謙遜，並體悟到做環保的眞實義；同時慶幸自己因爲忙著做回收分類，竟輕輕鬆鬆地改掉「打麻將」這個浪費生命的消遣。

原來，服務警界三十八年退休的余建勳，一時賦閒在家不知所爲，就常與老朋友打麻將或下象棋。貼心的女兒爲此還特地花了一萬多元，買了一張麻將桌送給他；但自從做環保後，他忙得沒空打麻將，久而久之，就再也沒人找他打麻將了。

去「麻將」從「環保」後，家裡不時堆滿回收物品，住附近的志工林銘德，一個月要開三至五趟的貨車來余建勳家載回收物。他誇讚余建勳做環保最認眞、最專心又乾淨俐落，例如：看到裝了垃圾的大紙箱，他不會只拿走紙箱而丟下垃圾，會連垃圾也一併處理。他寧可多花些時間整理、分類回收物，以挪出更多空間放置回收物，也讓家裡環境更爲乾淨整齊。

余建勳打包的紙箱，有如豆腐般四四方方、整整齊齊，就是這分用心，讓志工羅鳳蓮格外敬佩，對他的付出更是讚歎不已，「他很願意捨，捨時間也捨金錢，即使有人要以一個月五萬多元跟他租一樓房子，他都不要，寧願留給慈濟放環保回收物，就是爲了救地球。」一提起余建勳，羅鳳蓮的話匣子中有太多點點滴滴的故事，「有時一早路過，看他已經把自家門前那條大馬路，從頭到尾掃得乾乾淨淨，眞的很讓人佩服。他不貪不取、愛心無量，是一個正直、和藹的老伯伯。」

一門深入　堅持環保護地球

「來！阿公講故事給你們聽……」他不只重視環保，更注重兒孫的品德教育。四個孫子常常回來探望兩位老人家，他總會講阿嬤如何去訪貧，爲何上街頭募款等等的慈濟故事給他們聽，讓兒孫們瞭解「做人」的道理。除了慈濟的故事，余建勳偶爾也會說說自己的往事……

一九四九年，大陸淪陷，就讀高三的余建勳和一群同學，隨著政府流亡來臺，暫住在公家宿舍。那個年代，大家的生活都很困頓，打赤膊是常有的事，若有事要出門，也只有一件襯衫，十幾個人輪流穿。爲了解決民生問題和讀書就學，他們想盡辦法到處找出路。一天，從報上得知警察學校讀書不用錢，還提供伙食，於是大夥兒興高采烈地跑去報考警校。

警校畢業後，余建勳被分發到桃園龜山

一九九三年三月三十日，余軍領的女兒出生，家聚時刻，余建勳開心地含飴弄孫。（圖片提供：余軍領）

分駐所服務。由於常到附近飲食店用餐的因緣，認識了楊靜宜，進而交往，結爲夫妻。婚後，兩個兒子、一個女兒相繼出生，家庭和樂。

一九八七年的某一天，他們全家到花蓮遊玩，順道去花蓮「靜思精舍」參觀。德念師父爲他們一一介紹早期精舍師父堅持自力更生，前前後後做了二十一種工作，例如：縫製嬰兒鞋、做蠟燭、代工塑膠花、織棉紗手套等等。

「果眞是一粥一飯，得之不易；半絲半縷，物力維艱。」余建動聽完德念師父的述說，由衷讚歎慈濟確實是個務實行善的團體。回到桃園後，他就請楊靜宜主動找慈濟，透過慈濟志工楊金雪的接引，楊靜宜便一頭栽進慈濟，跟著大家去參加助念、告別式及訪貧；而余建動則大量閱讀《慈濟月刊》，漸進瞭解慈濟的志業內容與精神，內心由衷敬佩證嚴上人的偉大，尤其對環保回收分類的理念更是感動不已，也就一頭栽入環

余建動與太太余楊靜宜於歲末祝福感恩會外義賣活動現場合影。（圖片提供：余軍領）

保回收工作。

「師兄，既然你這麼認同慈濟，就來參與慈誠培訓，好嗎？」楊金雪三不五時就來邀約他。「把機會讓給年輕人發揮，我只要簡簡單單做個終身環保志工就好。」余建動雖然謙虛婉拒培訓，但始終恆持一念做環保的初發心。

環保典範在人間　兒子接棒續使命

憑著一股傻勁與堅忍的毅力做環保，余建動從來不懈怠，但無常再度來敲門……

二〇〇七年，七十八歲的余建動罹患肺癌，他深知自己的日子不多了，更加把握能做環保的時日，經常化療一返家，身體還很虛弱，需要大量休養之時就出門做環保。這天，他騎著腳踏車出門，突然在半路上昏倒，不巧掉入水溝裡，不知過了多久，他自行爬起來，若無其事地繼續沿著既定的行程做回收。路人看到他全身髒兮兮，好奇地問他怎麼了？余建動輕描淡寫地回答：「我剛剛不小心跌到水溝裡。」路人一臉驚訝，催促著他：「那你要趕快回去換衣服。」余建動臉上露出微笑，輕輕地點了點頭，卻依然操持著回收物，堅持做完回收工作，才踏上歸途。

歷經兩年多的治療，余建勳於二〇一〇年八月三十一日往生，圓滿他八十一載的人生；但他晚年以身示教的環保行經典範，深植人心，讓每個與他熟識的人都感到不捨與難過，尤其是他的大兒子余軍領，爲了完成父親的遺願，發願接力傳承父親的志業，繼續守護大地。

從事建築督導的余軍領，與太太住在臺北，平日忙於工作，只有假日才返回桃園，看著父親的遺照，不禁回想起父親從事警察工作，從小給他們的家訓——生不入牢門，死不入獄門；也就是訓誡子孫，活著的時候不作奸犯科，死的時候就不會下地獄。余軍領小時候調皮愛打架，父親總是淡定地對他說：「沒關係，不要做流氓、搶劫就好。」想到這裡，余軍領頓時悲從中來，淚水在眼眶裡打轉，而那一幕幕全家一起出勤，歡喜地鋪桃園靜思堂連鎖磚的情景，以及父親做環保的身影，不斷地在他的腦海中盤旋……

每次回家，余軍領總看到滿屋子整齊疊放的回收物，而即使他難得帶著妻兒回家來探望父母，父親仍然依照他的行程，推著兩輪手推車到附近麵店或水果攤收回收物。有一次，還不辭老遠跑到省桃（臺灣省立桃園醫院，即今之衛生福利部桃園醫院）停車場對面朋友開的麵店去收。余軍領眼中的父親，做事一絲不苟，只要是鄰居隨時丟過來的紙箱，他都隨手拆摺整齊，報紙順手疊好，寶特瓶也都立刻踩扁。等到全屋堆滿時，才請志工林銘德過來載。他都會幫忙搬上車，然後再一起搭車載到寶慶環保站卸貨。父親付出無所求的身影，深深烙印在余軍領的心中。

告別式這天，會場莊嚴肅穆，靜思精舍德念師父及法親家人前來祝福，余軍領十分感動，當下在父親靈前上香發願，「爸爸，我會接下環保工作，請您安心。」一旁的大媳婦楊麗如，對公公做事不求回報，一心秉持上人「做就對了」的理念，令她由衷敬佩，在靈前祝福道：「爸，您要乘願再來做環保喔！」

告別式不久後，余軍領和太太履行承諾到環保站做分類，約莫半個月後，因爲工作及地緣的關係，因緣不具足就沒有再來了。二〇一四年，因母親罹患憂鬱症，他和太太搬回桃園就近照顧。一天，慈濟志工前來關懷母親，他內心十分感動，其中有位師兄邀他參加「靜思生活營」，他不假思索地一口就答應。

二〇二〇年七月二十八日爲大型環保日，余軍領傳承父親余建動的環保志業，在桃園寶慶環保站協助載運回收物。（攝影：顧佩珍）

生活營課程豐富又精彩，讓佘軍領獲益良多，課程結束後，他馬上就到環保站報到。現場的志工看到他歸隊，都熱情地招呼：「你是佘師兄的兒子，你爸爸很棒，很厲害！」佘軍領感受到父親生前結了許多好緣，加上對父親的敬佩和懷念，佘軍領當場發願，「我爸爸走了，未完成的工作換我來頂替。」話一說完，他心裡更加篤定——慈濟這條路就是我要走的路！

傳承父親的環保志業，二〇一六年，佘軍領受證慈誠，得空就到環保站做環保外，也積極配合組隊勤務，他感佩父親勇於付出的精神，也感恩父親冥冥之中引領他走入菩薩道。

佘建勳，爲人正直，樂於助人，遲暮之年投入環保回收，視作個人餘生的使命，爲地球留下愛的見證；更薪火相傳，子承父志，他的人格超脫，無私付出的精神，永留千古。

桃李花開——楊阿桃的故事

文◎許秀月

以做環保爲始，歷經數十年不變，能爲地球盡一分力，是楊阿桃最爲快樂的事。
（攝影：許秀月）

【楊阿桃小檔案】

一九四三年生，桃園縣大溪鎮人。

一九九六年受證為慈濟委員，法號慮本。在自家古厝成立環保點，是大溪鎮最早投入環保的志工。菩薩道難行能行，將來自家人的考驗當成磨練，終於獲得夫婿的認同，兒子簡明亮亦於二○○一年受證。不識字的她常謙虛地說道：「憨憨做，跟著人家做，對的事情去做就對了！」

一早，楊阿桃從市場買菜返家，才剛踏進廚房，就聽到屋外傳來一陣機車聲。阿桃開門一看，原來是鄰居黃蓮花。

「阿桃，還記得我們相約去哪裡嗎？」蓮花刻意壓低嗓音說著，眼睛還朝向屋內瞄了一眼。

偷偷摸摸做環保

「當然知道，噓——小聲一點啦！待會兒被我先生聽到，肯定被罵到臭頭。」阿桃連忙往屋裡拿了垃圾袋和鐵夾，躡手躡腳地走出門口，深怕驚動熟睡的先生。坐上蓮花的機車後，此時阿桃終於鬆口氣，兩人的背影逐漸消失在街尾。

機車順著大溪鎮內柵往石門方向的康莊路上馳騁，身旁的景物飛掠而過，微風吹拂，沿途田野景色令人心曠神怡，常吸引無數遊客的目光，然而吸引阿桃目光的，卻是毫不起眼的物品。

「蓮花，車停一下！」阿桃彷彿發現寶物般，眼睛爲之一亮。拿出自備的袋子和鐵夾，四處張望見無熟識的人後，動作迅速地將路旁沾滿泥巴的鋁罐和寶特瓶夾入袋中。

兩人沿著路旁撿拾遭人隨意棄置的瓶瓶罐罐，就這樣沿路停，沿路撿。

炙熱的陽光曬得兩人頭皮發麻，額頭的汗珠不停地順著臉頰滑落，阿桃拭去額頭的汗珠，瞄了一眼腕上的手錶，轉身對蓮花說：「時間不早了，我要趕快回家煮中餐，免得又會被叨唸。」雙手將垃圾袋口用力一綁，往機車前的踏墊一放，兩人會心一笑，油門一催，往回家的方向駛去。

楊阿桃從偷偷摸摸做環保開始，漸漸讓環保站的規模愈做愈大，甚至感動夫婿也加入慈濟行善的行列。
（攝影：許秀月）

返家後，阿桃將鐵捲門輕緩地往上推，深怕發出聲響，一腳剛踏進客廳，耳邊已傳來如雷貫耳的聲音：「妳是吃飽太閒是不是？整日忙碌得像陀螺轉來轉去，到底在忙什麼？我眞正想嘸，爲什麼有妳這款人，吃自己的米，做別人ㄟ代誌，頭殼壞去……」站在房門口的丈夫簡金南，口中連珠炮似地不停數落，一手叉著腰，面露兇相，眼睛惡狠狠地瞪著她，另一手的食指都快指到她的鼻尖了。

阿桃心想，再怎麼解釋也無法壓抑他心中的怒火，便耐著性子回了一句：「我只是撥出自己看電視的時間去做環保罷了！」此刻的她，只想逃離現場，話一說完，悶不吭聲逕自往樓上走去，獨留先生的抱怨聲在樓梯間迴盪。

關上房門，阿桃的心似乎被一塊大石頭猛然壓在心頭，讓她瞬間喘不過氣來，不爭氣的淚水簌然滑落臉頰，坐在床沿凝視著窗外，眼見庭院裡一片綠意盎然，樹葉在陽光的照射下格外耀眼，驀然回首，往事歷歷在目……

大廳裡，父母和媒婆正商討著阿桃的婚姻大事，在隔壁房裡的她隱約聽到媒婆的嗓門：「嫁給這款尪不錯啦！有田、有厝，吃穿免煩惱。」

阿桃倚在窗前若有所思，視線停留在庭院那株桃樹，「這棵桃樹開滿了桃花，非常美麗，從小時候看到現在，一路陪伴過成長的日子；出嫁後，只可惜再也看不到了。」阿桃深深地嘆了口氣，想到日後要離開父母，心中萬般不捨，暗自垂淚。輕輕拭去眼角的淚水，望向窗外，往後是否能像桃花嫣紅綻放出燦爛的幸福人生？她不敢多想。

婚後，期待嶄新的開始，未料第二個月，夫家兄弟因各有家室，自然分枝散葉，先生分到的家產是一畝沒有水源的旱地、一間漏雨的屋舍和一筆債務。阿桃變賣所有的金飾償還部分債務，幫忙務農撐起家計，過著豬油拌飯、割稻草當柴火、粗糠起灶的日子，舉凡插秧、割稻，樣樣都難不倒她。日子過得雖然平穩，但心底始終有一股聲音，時不時地問：「我就這樣過一生嗎？」

環保香積樣樣來

一九九二年九月，姊姊的女兒王明珍到家中造訪，拿一卷慈濟出版的錄音帶《渡》給她，內容爲洪金蓮現身說法——分享由迷轉悟心路歷程的轉變，阿桃自此接觸到證嚴上人的法語，深受感動。隔月，從鄰居口中得知有到花蓮慈濟參訪的「慈濟列車」可搭，於是偕同黃蓮花及另一名友人報名前往，抵達花蓮靜思精舍後，欣然見到上人的那一刻，卻不禁潸然淚下，彷彿見到久別的至親。

她心想，一位女子要在偏遠地區建造醫院濟世救人，還要做環保救地球，不捨之心油然而生。在回程的火車上，聽到同行者紛紛眞誠地分享此行的感動與心得後，阿桃也決定盡自己一分微薄的力量。

「小時候，父親傳統觀念認爲女孩子只要認得自己的名字就好，不須識字。我沒唸過書，也不識字，要怎麼做善事？」阿桃想到自己不識字，心中苦惱萬分。

或許是「精誠所至，金石爲開」，有一天，在往花蓮的火車上，她忽然靈機一動，「對了！雖然不識字，但我們的雙手可以做環保，也可以幫忙勸募啊！」和黃蓮花商討後，不到一個月的時間，兩人旋即投入環保志業。

每當夜幕低垂，昏黃的街燈下，一包包垃圾堆滿路旁（當年政府尚未實施垃圾不落地政策），只見一個嬌小的身影，像小偷似地不停左右張望，雙手快速不停地在垃圾袋中翻尋，挑出可回收的物品。老天爺的安排就是這麼奇妙，心中愈害怕撞見熟人，就偏偏會被撞個正著……

「什麼？是妳！妳也在撿垃圾……」鄰居見狀，感到十分錯愕。

「我……是在做環保……資源回收啦！……可以讓地球更乾淨……也可以幫師父蓋醫院……救人。」初期投入環保，阿桃顯得不好意思開口，講話有些結巴，卻也不忘細說慈濟的好，讓社區民眾更明瞭。環保的理念逐

做環保對楊阿桃而言，就像是每天見面的老朋友，家裡回收物品擺放不下了，她就爲老朋友尋找一處更大的倉庫來安置。（攝影：許秀月）

楊阿桃（左一）於做環保回收、香積、訪視關懷之暇，仍時時精進，入經藏參加演繹。（攝影：陳姵璇）

漸獲得居民的認同，往後附近鄰居家中只要有回收物，總會自動拿到她家裡。

一傳十，十傳百，沒過多久，外出撿拾的回收物，加上鄰居拿來的，家裡的放置空間已不敷使用。阿桃想到自家古厝是一棟三合院建築，曬穀場可以進行回收物的分類整理和堆放塑膠類等物品，倉庫則可用來堆放紙類回收物，以避免雨水淋濕，這場地再適當不過。從此古厝就成了環保回收點，回收物經過分類整理，待達到一定數量後再聯絡桃園區的師兄來載走。從此，環保工作井然有序，儼然已是阿桃生活中不可或缺的一部分。

鈴——鈴——電話聲響起。

「她出門去，不在啦！」簡金南沒好氣地回道，「喀！」電話應聲掛斷。

「一天到晚四處趴趴走、忙進忙出，全世界妳最行了，事業不知做多大？」從田裡忙完農事的金南，對著剛進門的阿桃冷嘲熱諷一番。

二〇〇〇年十月底，凌晨時分，電話鈴聲突然響起，在夜深人靜的時刻，聽起來格外刺耳，阿桃心裡有股不祥的預感。

「中正機場新航飛機失事，要動員志工展開香積勤務，供應熱食，必須即刻啓動。」接獲電話，阿桃當下睡意全消，瞬間清醒，從床上一躍而起，連忙將冰箱裡的菜及可以煮的食物全部打包，偕同訪視組的師姊前往災區。時值象神颱風來襲的颱風夜，風雨交加，行駛中的車子擋不住強烈的風勢，沿路搖搖晃晃，大家心中默默地祈禱，窗外的風聲如泣如訴，似乎爲這場災難發出絲絲哀鳴。

一抵達現場，將爐具安置好後，阿桃手中的鍋鏟沒有分秒停歇，她不停地用盡全力翻炒，不一會兒，一道道熱食呈現在眼前，在寒風中爲現場救災人員及悲慟的家屬們帶來一絲暖意。

這一次出任務，讓阿桃體悟良多。當她正在炒菜時，不經意地一抬頭，剛好看到前方不遠處的地上，有一團烏黑的東西，她仔細定眼一瞧，才知是一具焦黑蜷曲的大體，她被眼前的畫面震懾到無法言語，停了一、兩秒才回過神來。心中一陣酸楚，眼眶不禁泛紅，當下立願道：「人生無常，生命竟然如此脆弱，我一定要善用健康的身體，做更多的事。」此後，阿桃更加跟緊上人的腳步，一刻也不敢停歇，舉凡助念、做環保、香積、深入山區訪視關懷等等，都一一留下她的足跡。

終於打開夫婿心扉

自大愛電視臺開播後，證嚴上人的開示逐漸吸引簡金南的目光，尤其從「《人間菩提》的節目中，感受到眞正的快樂，其實是來自於無所求的付出。上人的法語點滴匯入心田，善苗開始在心中滋長，他的想法漸漸有了改變，對於妻子參與慈濟活動，從反對轉趨認同，進而親身與妻子一同參與。阿桃出門參加活動，再也不用拎著包袱偷偷摸摸了。

當賀伯颱風造成臺北縣汐止地區淹水，簡金南義不容辭地前往汐止國小協助清理汙泥。九二一大地震時，阿桃和先生及兒子簡明亮輪流至南投桃源國小投入興建大愛屋，先生協助搬運水泥、綁鋼筋、拆卸板模，阿桃則承擔香積，其餘時間則和志工合力扛水泥板、植草皮、種樹等等，連續參與了十幾回，每次動輒三、四天。晚間就寢時，隨意在地上鋪上紙板，蜷縮在睡袋內倒頭就睡，儘管整晚蚊蟲叮咬，她仍然甘之如飴。因爲阿桃謹記上人的一句話：「手心向上是求人，手心向下是助人。」她願意當個手心向下的人，這點付出，她覺得微不足道。

參與九二一希望工程後，簡金南也體會到善的凝聚力量竟如此之大，只要大家同心協力地付出，一天可以成就那麼多事。他心中充滿快樂，了悟原來付出當中，收穫最大的是自己。往後，嘉義大林慈濟醫院及桃園靜思堂的興建工程都看得到簡金南的身影。看到先生的轉變，阿桃臉上出現一抹笑意，感到欣慰，「自度也度人，終於度化自己的先生，通過考驗」；然而，上天給她的考驗才剛剛開始……

「我肚子好痛！」二〇〇七年三月三日，半夜一點多，簡金南突然腹痛如絞，左下肢癱瘓，兒子明亮發覺情況不對，緊急將父親載往新店慈濟醫院，經急診初步檢查是骨癌第四期。

「你身體一定會好起來，要堅強，家裡的事情我會發落，你不用煩惱。」開刀前阿桃緊緊握著先生的雙手，才知生命中不能失去他。先生輕拍她的肩，阿桃的眼前卻已迷濛一片。經緊急開刀後，赫然發現是攝護腺癌轉移。

住院二十八天期間，阿桃隨侍在側，明亮則時不時推著輪椅陪伴父親散心，慈濟志工的關懷更是不間斷。「大溪鎮的志工幾乎都來看過我，有的放下手邊的工作來陪我，不論是白天或是晚上時間，只要他們一有空就過來，讓我備感窩心。」金南沒想到有一天自己也會成爲被關懷的對象。出院返家休養期間，志工的關懷仍然持續不斷。

生病期間，金南感慨良多：「在人生最低潮的時刻，志工陪伴在身旁爲我加油打氣，讓我有信心面對未來。這對被需要關懷的人來說，實在是好事一件，而這卻是我多年來一直阻礙阿桃做的事。」立場對換，心念一轉，他卸下心中的大石，打開心扉，終於認同阿桃一路走來的堅持，多年的罣礙於焉煙消雲散。

對於阿桃而言，也許是老天爺的厚愛，二〇〇五年期間，她也曾罹患一顆二點九九公分的腦瘤，當時沒有做任何治療，她只一心一意抓緊時間投入環保工作，並未感到絲毫不適，反而身體愈做愈健康。說也奇怪，後續追蹤治療時腦瘤已消失，連醫生都覺得不可思議，嘖嘖稱奇！

阿桃總是認爲，當你幫助別人的時候，冥冥之中福報就會回到自己身上。

「鈴——鈴——」電話聲響起。

「你要找阿桃喔！你稍等一下，我請伊來聽……謝謝！感恩喔！」金南聲音柔和地應答著。

「金南啊！我去古厝做回收後會去田心國小環保站，做完我會趕緊回來。」掛掉電話後，阿桃對先生說。

「不必急！田裡的事我會去做，妳去忙。」

阿桃心裡一陣感動，回想起娘家庭院裡那株開滿嫣紅桃花的桃樹，如今已長成一棵參天大樹了。

編者絮語——展演生命故事　收進慈濟藏經閣

文◎徐淑靜

因緣來得突然，也來得莫名其妙，近幾年因身體狀況欠佳，已經淡出勤務的我，卻只因善意師姊的一句：「妳本來就是桃園列傳的窗口，這一次要出書，當然還是要妳出來承擔。」加上基淦老師的重託，只好「撩落去」。

二〇一一年至二〇一三年，桃園文字志工風起雲湧地捲起記錄資深慈濟人故事的風潮，連續三年舉辦「桃園慈濟人列傳展」，共收錄了二百六十三位慈濟志工的故事，而今十年過去了，有機會能將這些平凡小人物，卻有大啓示的故事出版成書，再次展現在世人面前，這是何等令人興奮的事！

再度翻出塵封已久的檔案，檢視手中的舊稿，當初因受限於以布展方式呈現而精簡字數，以致列傳人物精彩的人生、生活的智慧，無法一一盡現，而今要結集出書了，當然要以嶄新的風貌呈現。

然而，十年歲月的增長，慈濟志業腳步不斷地邁進，早已物換星移，無論是作者，還是故事主人翁，很多是人事已非；故事主人翁或不願再受訪，或往生，或搬離桃園無法聯絡上，亦有作者淡出慈濟，或忙碌而騰不出時間來補訪和刪修原稿等問題。

不僅在編修、補訪過程中困難重重，另小組成員雖有編稿的經驗，但卻也都是第一次「玩」整套的，可謂是小組成員出書的處女秀；然而，這「初試啼聲」中的種種挫折，並沒有讓大家因此而打退堂鼓，反而更齊心合力地克服困難，也幸好基淦老師出版經驗豐富，在他的指導下，得以在緊迫的期限內完成使命，而今一切就緒，期待本書出版後能獲得讀者熱烈的迴響。

文◎陳國麟

與其說是編輯慈濟人文眞善美志工撰寫的慈濟人列傳作品，倒不如說是在編輯賞析的過程中，不自覺地隨著作者文筆的描繪，走進每位主角的生活當中。

在他們不如意、遭受一連串打擊時，替他們抱怨、叫屈，眼眶泛紅；看到他們接觸慈濟後，在證嚴上人開示，或一句靜思語的頓悟，並且身體力行地爲他人服務，無所求地付出後，能參透或體會到無常人生，前世因今世果的因果觀，見苦知福，而能把握當下，以開闊的心胸，邁開腳步，行走在人生的道路上……讀到這裡，會暗自鼓掌叫好，替他們感到高興。

以前老一輩的常說：「戲臺上演的戲，戲棚下也有這樣眞實的人生。」年輕時，總認為這是編寫的故事、小說，不把它當一回事；然而，這本書每一位主角的經歷，都是活生生的眞實故事，這樣的眞實人生，讓我在編審時，更加地自我省思，而考慮到如何讓整個故事，在讀者閱讀後產生延展性，將行善、行孝等正向的力量向外擴散。

例如在編輯許秀月撰寫的〈快樂班長〉一文，描述一位憨厚老實、年幼腦力受損的蘇高宏，幾乎連最單純、簡單的工廠作業員工作都無法勝任，卻在慈濟設立的環保站，找到屬於自己的一片藍天，而綻放出生命的火花。在編輯完成後，期盼讀者閱讀這些作品後，能夠體會到，原來每個人在世間，冥冥中已安排好應有的定位，不管是貧富貴賤、健全殘缺，上天關了這扇門，總會有另一扇窗開著，就怕你站在原地，不踏出一步。人，總會找到自己的出口。

文◎葉美瑛

慈濟世界是一座藏經閣，收藏著滾滾紅塵中，許多不為人知的生命故事。這些故事是用血、以汗、以淚編織而成，篇篇都是付出無所求、純潔無私的大愛。證嚴上人睿智，藉由慈濟人列傳出書，讓長情大愛激勵人心，帶動善的循環。

這次在與作者交流時，還被誤認是詐騙集團，淑靜師姊雖發文說明，作者仍無法釋疑，眼見交期漸漸逼近，我心急如焚，催太緊怕嚇跑對方，不催又交不了差，在天人交戰中，作最壞打算，如作者不配合，只能親自前往補採訪，過程在一波數折中，總算如期完成。

面對日常的生活，眞實的境界就在眼前，能時時將心穩穩地踏實下來，沒有縫隙，魔的境界、雜念就不會侵入，如何從現前的境界中深思，看開世間的是是非非、紛紛擾擾，我覺得輕安自在做自己，才能在人生的渡口穩當向前行。

走在慈濟路上，前方的路，上人已為我們鋪好，只要照著走就不會迷失方向。這些故事主角，因為深信產生定力，數十年如一日，他們在慈濟世界裡療心傷、練肌力，再出發，早已脫胎換骨了。

從主角的生命故事，讓人了解，得與失是一體兩面，從來不是獨立的個體，當煩惱與憂傷向主角猛烈來襲的時候，他們學會調整呼吸，與它們共存，並且等待著暗影漸漸退去，快樂再次蒞臨；快樂的時候也不再覺得理所當然，而是更珍惜每一個瞬間。

文◎鄭善意

二〇二〇年已屆七十高齡的我，因胞妹、愛犬接連往生，人一下子老了！心田亦漸荒蕪！

這年秋末，「慈濟人列傳」將彙編出版的消息傳來，十年前「桃仔園・慈濟人列傳」連續開展三載，桃園區的筆耕志工紅紅火火採訪、振筆疾書……一個個慈濟志工的生命故事躍然電腦螢幕的畫面，頃刻姹紫嫣紅了心田。

當時經費有限，除了將文字、圖片製成卷軸呈現，懸掛於桃園靜思堂的人文走道牆分享，也只影印裝訂數十冊回饋故事主角。未來這些由迷轉悟、離苦得樂的篇章若能彙編出版，對故事主角及作者來說，自然是樂見其成的美事。

如今東之「雲端」十年的美善篇章，就要出版，大夥兒抱著喜從天降的雀躍，在指導老師黃基淦的帶領下，我們四個十多年來一直在大藏經編審、文字琢磨的志工，著手整編桃園慈濟人列傳。

十年在歷史的長河轉瞬即逝，可在人生自然法則面前，卻人事已非，尤其當年礙於展出篇幅，文字受限，多有未盡之言；今要彙集成冊，增補篇幅，在所難免。雖知過程必然困難重重，但相信只要有心就不難；當下定決心投入後，溫故而知新，多有斬獲。

書中，生性樂觀的林春秀面對愛河千尺浪，怎麼如漣漪般輕輕踩過？小女人蕭春鳳如何舉重若輕破除毒咒？性格開朗的何寬洪當初怎麼從憂鬱症破繭而出？迷上釣魚的羅仕光，怎甘捨棄「一端是死與絕望，一端是快樂歡狂」的魔法釣竿？……諸如這般沉痾痼疾，在上人的輕聲細語下，心念乍轉，重登彼岸，轉危為安，服務人群不遺餘力的案例，不勝枚舉，委實值得探索。

【子藏系列】

轉念—慈濟志工的生命故事

作　　者／鄭善意等
策劃指導／顏博文（慈濟基金會執行長）
總 策 劃／何日生（慈濟基金會副執行長）
出版統籌／賴睿伶（慈濟基金會文史處）
專案執行／林如萍、羅世明（慈濟基金會文史處）
企劃編輯／黃基淦（慈濟基金會文史處）
編 校 群／徐淑靜、鄭善意、陳國麟、葉美瑛、張明玲、高芳英（慈濟志工）
封面 · 內頁版型設計／莫炳燊、蕭明蘭、李錦樑（慈濟志工）
美術編輯／李玫儀、陳李少民

總 編 輯／賈俊國
副總編輯／蘇士尹
行銷企畫／張莉滎・廖可筠・蕭羽猜
發 行 人／何飛鵬
法律顧問／元禾法律事務所王子文律師
出　　版／布克文化出版事業部
台北市中山區民生東路二段 141 號 8 樓
電話：(02)2500-7008 傳真：(02)2502-7676
Email：sbooker.service@cite.com.tw
發　　行／英屬蓋曼群島商家庭傳媒股份有限公司城邦分公司
台北市中山區民生東路二段 141 號 2 樓
書虫客服服務專線：(02)2500-7718；2500-7719
24 小時傳真專線：(02)2500-1990；2500-1991
劃撥帳號：19863813；戶名：書虫股份有限公司
讀者服務信箱：service@readingclub.com.tw
香港發行所／城邦（香港）出版集團有限公司
香港灣仔駱克道 193 號東超商業中心 1 樓
電話：+852-2508-6231　　傳真：+852-2578-9337
Email：hkcite@biznetvigator.com
馬新發行所／城邦（馬新）出版集團 Cité (M) Sdn. Bhd. 41, Jalan Radin Anum, Bandar Baru Sri Petaling, 57000 Kuala Lumpur, Malaysia
電話：+603- 9057-8822　　傳真：+603- 9057-6622
Email：cite@cite.com.my
印　　刷／永曜印刷文化事業有限公司
初　　版／2021 年（民 110）11 月
定　　價／350 元
I S B N／978-986-0796-78-0
E I S B N／978-986-0796-77-3 (EPUB)

城邦讀書花園
www.cite.com.tw
布克文化

國家圖書館出版品預行編目 (CIP) 資料

轉念：慈濟志工的生命故事 / 鄭善意等作 . -- 初版 . --
臺北市：布克文化出版事業部出版：英屬蓋曼群島商
家庭傳媒股份有限公司城邦分公司發行，民 110.11
328 面；15x21 公分

ISBN 978-986-0796-78-0 (平裝)

1. 志工 2. 通俗作品

547.16 110018865